立法者・性・文明

境界の法哲学

谷口功一

白水社

立法者・性・文明——境界の法哲学

装幀＝コバヤシタケシ
組版＝鈴木さゆみ

立法者・性・文明＊目次

はしがき

法哲学者の井上達夫は、よくウィトゲンシュタインの言葉を引きながら、「哲学者の死は、自らの問題を失うことである」といった旨のことを話していた。私じしん、研究者となって以来、今日にいたるまで、この言葉を折りに触れて思い出してきた。

本書は、そのような意味での「問題」を探し求めた私じしんの法「哲学者」としての旅路を、おおよその折り返し地点に立って振り返るものでもある。前著『ショッピングモールの法哲学』(白水社、二〇一六年)では、修士論文をもとに二〇〇〇年に公刊された「公共性概念の哲学的基礎・序説」を母胎とする「問題」を拡充し、ひとつのまとまりを持たせたものだったが、今回は、私の研究者生活の大きな転換点となった二〇〇三年の所謂「性同一性障害」特例法の立法運動で発見された「問題」の種子から、当初は予想しなかった形で枝を広げた研究樹の全体像を描き出すことを企図している。

そのような意味では、時系列的には「性(ジェンダー/セクシュアリティ)」にまつわる第Ⅱ部こそが本書の出発点なのだが、そこで芽生えた立法、もしくは立法者に対する問題関心のほうが、より抽象的・根源的な問題機制をなしているため、立法(者)にまつわる事柄を冒頭の第Ⅰ部に据え、その現実での展開としての第Ⅱ部へと引き継ぐ構成を取った。

第Ⅲ部は、移民／難民や多文化主義などに関わるパートとなっており、これが先行するふたつのパートとどのような関係になるのか、目次だけを見た読者は疑問に思われるかもしれないが、一読すれば「なるほど、こういう形でつながっているのか」とご了解いただけるのではないかと思う。以上のような、哲学者の死命を決する「問題」発見の旅路を下支えしてきたのは、私じしんの人生の時間の多くが割かれた様々なフィクションへの嗜好であり、最後の第Ⅳ部では、このような問題群の種子を育て、収穫してゆく上で、蔭ながら豊かな堆肥となったはずの諸々を、旅路のスナップショットとして収録しておく。

本書の中に収録された諸論文は、最も古い二〇〇三年のものから数えるなら実に二十年近くの歳月にわたって書き継がれてきたものであるため、各章間に文体上の相違も認められるだろうが、それも含めての時をかけた「旅の記録」ということで、ご寛恕いただければ幸いである。なお、再録にあたり各論文には書籍化に際しての必要最小限の改訂を加えるにとどめた。

書籍としての副題に示し、また目次の各パートにも付した通り、本書は様々な意味での「境界」をめぐる法哲学的思考の軌跡でもある。

なお、今回も白水社の竹園公一朗さんには、ひとかたならぬお世話になった。最初の単著である『ショッピングモールの法哲学』以来の二人三脚がなければ、本書も日の目を見ることはなかったであろうことを、ここに記しとどめておきたい。良き編集者に恵まれることは著者の悦びである。

I　法と政治のあわい

第Ⅰ部では、井上達夫を代表者として遂行された科研費プロジェクト「〈立法理学〉としての立法学の法哲学的再編」（二〇〇九～二〇一二）、「立法システム改革の立法理学的基盤構築」（二〇一二～二〇一四）を母胎とする研究成果を中心とした議論が展開されている。所謂「立法学」の基礎づけとしての立法者の人間学的基礎に関する考究から始まり、実際の立法過程における公共性（と党派性）のあり方、そして、立法者の「徳」に関する制度的問題が、中国を参照しながら論じられる構成となっている。

基本的なモチーフは「はしがき」にも記した通り、性同一性障害特例法の立法運動に関わった体験に胚胎しているが、当初、立法過程にまつわる細かな「制度」面（特に法制執務など）に対する虫の目的な関心から始まった探求が、最終的には立法者の「徳」にまつわる鳥の目へと変容していったのは、私じしんにとっても驚くべき展開でもあった。

第一章　立法者の人間学

一　「法」と「政治」の交錯点

立法は、「法」と「政治」がある種の劇的な邂逅を果たす場であるが、この両者は時として尋常ならざる緊張関係にあるものとして捉えられもする。例えば、優等の法学士であり、かつ挫折した革命家でもあった三島由紀夫は、その晩年に描かれた長大な転生サーガ『豊饒の海』四部作中、第二巻『奔馬』において、この「法的なるもの」と「政治的なるもの」との対比を、いささかグロテスクな形ではあるものの、委細以下のような形で描き出している。

そこでは、上述サーガの全編を通じての狂言回しに任ずる本多繁邦が控訴院判事として「法的なるもの」を、そして、それに対峙する本多の親友・松枝清顕の生まれ変わりである右翼少年・飯沼勲が「政治的なるもの」を、それぞれの一身に仮託されつつ、作中において極端な対照をなしている。判事・本多が、自らの境遇を「鉄骨だけの建築」のような「正義の高み」に置かれたものになぞらえ、そのような高みから「各種の暗い激情をピンセットでつまみあげて値踏みをし、温かい理性の風呂敷に包んで家に持ち帰り、判決という綴方の素材にする」日々を送る者として、あまつさえ己自身を劇画化する一方、政治少年・飯沼もまた、次のように「法的なるもの」への印象を述懐している。

> 法律とは、人生を一瞬の詩に変えてしまおうとする欲求を、不断に妨げている何ものかの集積だ。血しぶきを以て描く一行の詩と、人生とを引き換えにすることを、万人にゆるすのはたしかに穏当ではない。しかし内に雄心を持たぬ大多数の人は、そんな欲求を少しも知らないで人生を送るのだ。だとすれば、法律とは、本来ごく少数のためのものなのだ。ごく少数の異常な純粋、この世の規矩を外れた熱誠……それを泥棒や痴情の犯罪と全く同等の〈悪〉へとおとしめる機構なのだ。［三島一九六九：三五五］

ここで「法的なるもの」の醒め切った「理性」や「規矩」に対して鋭い対照をなすのは、「政治的なるもの」に横溢する〝熱誠／情念（passion）〟であるわけだが、これらが相まみえる立法の場たる「議会」において、紛うことなき主役を演じる立法者の動機構造中、かかるモチーフの占める位置は、果たして、いかなるものとなるのだろうか。

本章では、所謂「立法学（Legisprudence）[1]」へと進み入ってゆく際の浚渫作業の一環として、上述のような疑問を携えつつ、立法ないし立法者における〝Prudence〟の意味するところの解明を試み、もって立法者の「人間学的基礎（anthropological foundation）」の一隅なりともに光を照てることとしたい。

二　立法学の開拓線

経験科学的色彩が強い従来の「立法過程論」からは距離を取りつつ、規範論的観点からする「立法学（Legisprudence）」を明示的・意識的に開拓しようとしてきた我が国における希有な試みの例としては、憲法学者・高見勝利による一連の先駆的業績が参照されるだろう。[2] 以下の行論との連関を有する限りにおいて、高見の議論からの抽出を行っておくと、それは大要、次のように簡約される。

まず、八五年論文では、「立法と裁判を法形式における二つの主要な要素とみる考え方」・「立法の客観化・科学化という問題意識」という二つの観点から、Peter Nollらによる立法学（Gesetzgebungslehre）を素材に、「裁判官の法令審査」とのアナロジーで「立法者の判断モデル」を提示しようとする試みが行われる。この際、注意を惹くのはNollにおける「立法者（Gesetzgeber）」概念であって、それは「議会ないしそのメンバー、委員会、内閣、大統領といった諸々の国家機関のみならず、市民、政党、圧力団体、世論」までをも含んだ広範にわたるものである。ここでは特に、Nollの所論において「立法者」が「公的な機関と私人・団体の複合体」として、前述のように広く指定されているのに対し、高見においては、あくまで「専ら、公的な立法諸機関を簡約して表現するもの」として〝狭義〟に捉えられている点が留意される。

次に〇四年論文においては、上記論攷では裁判官と立法者それぞれの判断の「合理性」の相違点を少なからず看過したのではないかという自省に立った上で、両者の異同をいっそう明らかにする前提として「立法を立法たらしめる要件」・「立法もしくは立法権の本来的な性質」・「立法における政治と法の交錯」・「立法事実」などの論点が列挙的に検討されている。この論攷の末尾で高見は、法律学の〝Scientia〟と対比させる形で、立法における〝Prudentia（Prudence）〟を以下のようなものとして説明している。

> Prudentiaとは、あるとき、人が偶然、直面する具体的状況のなかで、危険ないし課題を察知し、その解決に向けた方途を見出す能力である。すなわち、それは、目前の不確実な問題状況の克服に向け、直観的に決せられる目標を達成する方法を予知する力（providentia）である。したがって、それは、古来、永遠のイデアそのものの洞察に向けられた第一級の知の働きからすると第二級のそれにとどまるものである。とはいえ、政治や社会の生活世界に憂き身をやつす政治家や法律家は、日々、生起する諸問題のなかで、このPrudentiaに磨きをかけなければならぬのである。Scientiaとしての法学の役割は、そうしたPrudentiaを対象とし、そのあり方に反省を加え、その働きを少なからず可視化することにある。［高見二〇〇四：四一七］

上記のような「知」の様態・種別に関しては、さらに〇三年論文において、立法の場で立ち働く「知」は、「悪魔に魂を売り渡してでも、この世の奥の奥を支配しているものを知りたい」というファウストの如き〝認識知（Erkenntniswissen）〟ではなくして、時間的に切迫した状況の中で具体的・全人格的な決断を行うために必要とされる「決定知（Entscheidungswissen）」であることが述べられている。

次節以降では、（筆者においては、いささか換骨奪胎の過ぎる憾みもなしとしないものの）以上のような高見の議論を念頭に置きつつ、冒頭で示された、情念の在りか如何をも含むいくつかの論点を検討してゆくこととしたい。

三　情念と利益（passion and interest）

本章劈頭で、立法者における「情念（passion）」について触れたが、概念史上、この「情念」は「利益（interest）」との間に浅からぬ連関を有するものである。「自己利益の隠された歴史（The Secret History of Self-Interest）」と題されたスティーブン・ホームズの論攷[3]に従うなら、その経緯は以下のように叙述される。

アダム・スミスの『国富論』では、「利益」と「矜持（pride）」が対比され、前者にとっては甘受し得る事柄が後者にとっては時として屈辱的でさえあることが指摘されているが、ホームズは、それを次のような形で描き出す。すなわち、ほとんどの人びとは〝Prudence〟に支配されているのに対して、貴族階級ひとりが「思慮に欠けた虚栄心（imprudent vanity）」に支配されているのだ、と。遮二無二栄光を追い求める虚栄心が「計算のできぬ、自己破壊的なもの（non-calculating and self-destructive）」であるのに対し、「利益」の側は「計算のできるもの（calculating）」とされるのである。かかる形での「利益と栄光（interest and glory）」の対比は、十七世紀の政治思想に見られるものであり、それは「商業倫理（commercial ethics）」と「騎士的倫理（chivalric ethics）」の相克として現出する。ここで前者による後者へ対しての攻撃に手を貸したのが「キリスト教倫理（biblical ethics）」であり、あくなき栄光の追求を行うような心性（glory-seeking）に敵対的なキリスト教は、上記の貴族的心性に対する商業の側からの世俗的・ブルジョワ的攻勢の道行きを舗装したのであった。

ホームズはさらにアルバート・O・ハーシュマンの議論［Hirshman1977］を援用しながら、「自己利益」の概念がたどった意味論的変遷（semantic-drift）を次のように描き出す。すなわち、十七世紀から十八世紀にかけて、「自己利益」概念は特殊的なものへと〝狭義化〟してゆき、端的に「金儲け（Money-making）」をその指示内容とするに至るのだが、他方では「何人たりとも、彼が為す行為は、なべて自己利益によって説明され得る」という形で「自己利益」概念の極大的な〝広義化〟も図られてゆくのである。かかる経緯の中、「自己利益」は「普遍性（universality）」を獲得するに至り、ここにおいて「普遍的自己利益（universal self-interest）」の観念が成立するのである。ホームズは、ハーシュマンの図式における「狭義化／広義化」という〝あれかこれか〟の選択に対しては、その「両者」を採る。なんとなれば、「あらゆる行為は、自己利益によって駆動されるものとして説明される」という主張は、〝利己心に基づくものだから〟という理由から「金儲け」を非難することを不可能ならしめるからである。ホームズによるなら、このような「普遍的自己利益」の観念は現代リベラリズムの自己記述において重要な役割を果たし続けるものであり、そこでは「計算のできる利益／計算のできない情念」という対比図式が措定されることとなる。

かかる形で描出されるリベラリズムに対し攻撃を加える側からは、「自己利益の合理的極大化」に基づく人間像は、人間性そのものを貶め、愛国心や友愛（patriotism and friendship）を台無しにするものであるという論難がなされる。彼らの主張によるなら、「自己利益」概念の名誉回復（rehabilitation）を通じて、リベラリズムは、怜悧な計算や「共通善（common good）」への無関心に対する「文化的正統性（cultural legitimacy）」を提供してきたのである。

ジェーン・マーンスブリッジは、ホームズの上の議論に対するコメント中、このような形で説明される「自己利益」はすべての人びとに平等に備わっている（equally shared）ものであるが、「公民的徳性（civic virtue）」や「共同善」への深い識見（insight）は必ずしもそうではないことを指摘する。すなわち、リベラル以前（preliberal）の政治理論家たちは、しばしば「他の人びとよりも価値の高い動機」によって駆動された社会的選良の存在を想定してきたが、リベラルにおいて、かかる仮構は斥けられ、治者もまた被治者との間で平等裡に「自己利益に駆動される存在（self-interested creatures）」たることが暴露されるのである。彼女によるなら、「いかなる個人の利益も、他の個人の利益との間で内在的により価値あるものとしては扱われない」という主張を貫徹している点で、かかる「自己利益」観は根源的に平等論にコミットしたもの（egalitarian）であり、そのような「普遍的自己利益」のアイデアにこそ、デモクラシーは投錨しているのである。[4]

＊＊＊

以上の「自己利益」に関する概念史的叙述を踏まえた上で冒頭の問いに立ち戻ると、立法ないし立法者における「情念（passion）」は、いかなるものとして理解されるべきなのであろうか。

「普遍的自己利益」の観念が争覇を成し遂げた現代（経済学！）において、もはや王侯貴顕でもなかろうに、依然として、いとも高き「徳性」や「共通善」への強度のコミットメントを執拗かつ当然に要請され、あまつさえ奔出する「熱情／情念（passion）」の在り処とさえ目されてしまう、立法者という異様極まりない存在。これは一体何なのか。確かに現代においても、「自己利益」ならぬ不偏不党の立場（impartiality）を要請されるものとしては、裁判官を含む「全体の奉仕者」たる公務員が存在するものの、彼らと立法者との間には、何か明らかに根本的な違いがある。――この点からすると、なるほど「国権の最高機関」という文言は、法ドグマティーク上は「単なる政治的美称」に過ぎぬものかもしれないが、これは実定的な法文でありながらも、そこに棲まう「立法者」に付着した上述の〝異様な〟事情を端無くも暗示しているのかもしれない。

　かくして、「法」と「政治」の臨界たる立法の場で、立法者は、異様・奇態な結晶化を果たすわけだが、しかし、現実において「立法者の肖像」は、分裂の様相をも呈している。[5] 今更ながらに言わずもがなではあるが、「立法者の肖像」は、非常にしばしば薄汚れたものとして描かれるのが通例である。一面において、そのような謗り（政治家は我利我利亡者に過ぎない）は、単にこれまで縷々述べてきた「普遍的自己利益」の観念を裏書きするだけであって、その点、単なるトートロジーに過ぎないのではあるが、他面において、纏綿と積み上げられてきた誹謗と中傷の厚みによってこそ、立法者に要請される「徳性」の奇観なす高みが逆説的に証明されていると見ることもできるだろう。

四　討議と決定、そしてPrudence

上で、マーンスブリッジのデモクラシー観を瞥見したが、本節では、この見解を端緒としつつ、現代におけるデモクラシー観、さらに言うなら「政治的なるもの」への眺望をごく簡単に整理し、そこから立法ないし立法者における〝Prudence〟に関して、いくばくかの展望を得ることとしたい。

マーンスブリッジが謂う所の「普遍的自己利益」観に投錨したデモクラシーは、通例、「利益＝多元主義（pluralism）」の名で呼ばれるものであり、そこでの政治過程は、多様な利益集団が各々にとって有利な政策決定（含立法）を獲得すべく抗争・妥協するものとして思いなされる。したがって、ここでの立法は、「議会と利益集団の協定」に他ならず、また、立法者は、圧力集団に対して受動的な諸利益の媒介者・調整者として観念される。

このような民主政観に対抗する形で、近年、アメリカ合衆国を起点・中心として提唱されているのが「共和主義（republicanism）」、もしくはそこから派生する形で展開される「熟議の民主政（Deliberative Democracy）」論である。そこでは、「公共善」を追求する市民の「徳性」が強調され、そのような市民が「理性的討議」を通じて公益を実現することが目指されるのである。[6]

このような意味での「熟議の民主政」のアイデアは、既に触れた高見による〝開拓線〟を想起するなら、「立法者」概念を最大限幅広く解釈した上で展開されたものと見ることができる。高見の言を借りるなら、そこでは「議会を超えた広い公共空間の中で、じっくりと時間をかけて行われる討議」が期待・要請されている。正しく「熟・議」である。

しかし、立法者によって行われる現実の「討議」は、討議者お互いの人格を高め合い真理のあくなき究明を行うがごとき「終わりなき対話」などでは毛頭あり得ず、制度的存在たる議会（国会）内の高度に様式化された行為規範によって箍を嵌められ、「制度被拘束性（Institutionsverbundenheit）」とでも呼ばれるべきものの下に置かれているのである（衆参両院規則の「質疑・討論」）[7]。ここにおいて、狭義の立法者が行う現実の「討議」は、拡張された「立法者」概念が果たすそれ（熟議）とは質的にはっきりと異なったものとして定位されることとなる。再び高見の言を借りるなら、ここで真に重要なのは、以下のような現実の認識である。

> ［議会では］予め設定された日程表（agenda）に基づいて議事が進行し、そのために次々と繰り出される「動議」に対して、政治的もしくは政策的な見地から、順次、賛否の態度ないし決定を表明しながら、結論（終結）に向かってつき進んで行く……。［高見二〇〇三：一〇］

ここにおいて、立法者が果たす他に替え難い役割は、終局性を獲得するための〝時間的切断〟なのであって、その中において立ち働くものこそが先述の「決定知」なのである。

実定的な制度的エレメントによって構成され、埒を結んだ「公式の回路」（市民的公共圏とは峻別されるもの）は、「熟議の民主政」論者からするなら、〝埒の明かないもの〟であろうが、この〝埒〟は、そもそも、その成り立ち・つくりからして簡単には明けられないものなのである。それに対する「市民的公共圏」の側からする要求（voices）の幅輳は、ここでの文脈の平仄を合わせる限りにおいては「不埒」とでも表現されるものであろうか。それはさておくとしても、この埒を明けるのは、以上のような重い「制度被拘束性」を背負いつつも、奇態な「熱情（passion）」を滾らせ、そして決定する立法者なのである。

　ここで、再び想起されるべきは、立法者がその身に纏う〝異様さ〟である。立法者は何故にかかる異形を呈するのか。それは、普通の人びとが、このようなものを敢えて装着せずとも済むように、いわば、一手に引き受けているのである。立法者においてそれは、ただただ負担（cost）と見なされるものでもなければ、かといって利得（benefit）とばかり思いなされるものでもないのだが、深層において、それは損得勘定（cost-benefit analysis）をご破算にした、非合理的な「狂熱（passion）」という言葉でしか言い表され得ないようなものなのである。「立法者」を狭義にとらえ、制度的存在である議会（国会）においてこそ立法者の椅って立つ所があるという考えは、かかる「狂熱」を箍に嵌める点での、一つの〝Prudence〟たり得ているであろうか。

文献

井上達夫（二〇〇八）「立法学の現代的課題——議会民主政の再編と法理論の再定位」『ジュリスト』一三五六号、有斐閣

高見勝利（一九八五）「あるべき立法者像と立法のあり方——立法学研究への一視角」公法研究四七号（＝八五年論文）
高見勝利（二〇〇三）「「決定」と「情報」——立法補佐のあり方について」レファレンス五三巻二号（＝〇三年論文）
高見勝利（二〇〇四）「立法の「合理性」もしくは〝Legisprudence〟の可能性について」樋口陽一先生古稀記念『憲法論集』創文社（＝〇四年論文）
高見勝利（二〇〇八）『現代日本の議会政と憲法』岩波書店
長谷部恭男（一九九四）「政治過程としての違憲審査」『ジュリスト』一〇三七号
三島由紀夫（一九六九）『奔馬〔豊饒の海（二）〕』新潮社
Mansbridge, Jane ［ed.］, 1990, *Beyond Self-Interest*, Chicago UP.
Hirshman, Albert O. Hirschman, 1977, *Passions and the Interests*, Princeton UP.（佐々木毅・旦祐介訳『情念の政治経済学』法政大学出版局、一九八五年）
Holmes, Stephen, 1995, *Passion and Constraint*, Chicago UP.

註

（1）明示的な形ではブリュッセル・カトリック大学のLuc WintgensをLegisprudenceの嚆矢とする学問運動としてのLegisprudenceの動向、及びそれを含む「立法学」に関する包括的マニフェストとも言い得るものとして〔井上二〇〇八〕を参照。

（2）ここでは、文献一覧の高見勝利の諸論文——〔高見一九八五＝八五年論文〕、〔高見二〇〇三＝〇三論文〕、〔高見二〇〇四＝〇四論文〕を参照されたい。なお、本章の元となる論文の脱稿に相前後して、上記、諸論攷のいくつかが収録された同『現代日本の議会政と憲法』（岩波書店、二〇〇八年）が刊行されたが、初出論文と新しいテキストとの間の異同について各位で確認されたい。

（3）この論攷は、元々アンソロジー〔Mansbridge1990〕に収録されたものが、ホームズ自身の単著〔Holmes1995〕

に大幅な加筆を施した上で表題は同じままに再録されたものである。本章では、双方のテキストから適宜、取捨選択しながら引用を行っている。煩雑を避けるため、それぞれの箇所が、いずれからのものであるかは明記していないが、典拠に関しては、双方のテキストを参照されたい。

（4）［Mansbridge1991］の Chapter 1 を参照。

（5）古典的文化表象における事例として、Robert Rossen 監督作品、All the King's Men（1949）などを想起すれば良いだろう。近年、この作品はリメイク（2006）されたが、公開時の宣伝ポスターの惹句は揮っており、そこには端的に「善は悪から生まれる」と記されていた。これに対して、Frank Capra 監督作品、Mr. Smith Goes to Washington（1939）では、善の善なるものとしての立法者が描かれている。——かくも引き裂かれた肖像。

（6）ここで示されたような形での「多元主義」と「共和主義」の弁別に関して、簡にして要を得たまとめとしては、［長谷部一九九四］を参照。

（7）衆議院規則一一八条・一二五条・一三五条・一三七条一項・一三八条二項・一四一条・一四二条、参議院規則四五条・四八条・九一条・九三条・一一三条・一一六条一項・一一七条・一一九条二項・一二〇条。

第二章　党派性と公共性

一　問題がただしく説明されさえすれば、

> わたしなどは、問題がただしく説明されさえすれば……、他の党派のものも従うだろうというような超階級的な考え方に引きずられやすい。その点、人民の敵ともいうべき諸党派の人々は、徹底した党派性・階級性に立っていて、決して一般人間的・超階級的立場に落ちることがない。見あげたもので、私などは学ばねばならぬわけである。［中野重治一九四九：四、強調筆者］

上の言葉は、日本共産党の参議院議員として自ら国会で行った演説を集成した自編著（一九四九年刊）の劈頭、文学者としても令名高い中野重治が開陳した〝議会における議論のあるべき姿〟への一つの考え方・態度を示すものである。[1]

中野は若干の諧謔を織り交ぜながらも、「党派性」を超えた「一般人間的・超階級的」観点に則った議論の必要を説き、また同時にかかる「党派性・階級性」に凭れかかった、本来の意味での議論ならぬ〝議論のようなもの〟が現に議会において跋扈している様を厳しく論難している、と見ることができる。
この一九四九年から今日に至るまでの諸時点において、彼自身も一定期間所属した(2)「日本共産党」という一つの〝パルタイ〟が、ここで論詰の対象となっているところの「党派性（Parteilichkeit）」を超克した「一般人間的・超階級的立場」に「落ち」続け、文脈上さらに平仄を一致させるならば、〝孤低〟とでも称すべき名誉ある立場を堅持し続け得ていたか否かはさて措くとしても、「問題がただしく説明されさえすれば」という条件節の前置が、果たして直ちに「他の党派のものも従う」と云った事態を自明・機械的に帰結するのであろうか。本章では、立法過程、なかでも特に「議会」における具体・個別的な言説を素材に採りながら、この点について、よくよく考えてみることとしたい。

二　「哲学者」と「立法者」の対話

問題をただしく説明する力

ホッブズの対話篇『哲学者と法学徒の対話』（一六八一年）は、冒頭、次のようなやりとりから始まる。

［法学徒］先生が、法学の研究は、数学の研究とくらべて推理の点で劣る［less rational］、とおっしゃるのは、どういう意味でしょうか。

［哲学者］私が言っているのはそういうことではない。学問研究は、すべて推理にもとづいてい

る［rational］し、でなければなんの価値もないからね。数学の大家のほうが、法学の大教授よりも［推理の点で］間違いをおかすことが少ないと言ってるだけさ。［Hobbes：邦訳九、原語付加は筆者］

この対話篇に登場する「法学徒（a student of law）」には、「イングランドのコモン・ローの」という修飾が附されているが、斯道の大家ブラックストンによるなら、「法学者」と「立法者」との間にも同様に優劣の関係が存在すると云う。すなわち、「法学教授となるには長年の研鑽が要求されるが、「立身出世した者は誰もが自分が生まれながらの〝立法者〟だと思い込む」ため、今や「イングランドのコモン・ローは軽率で未熟な大工が現代的改良の猛威を振るって改修・改装してしまった高貴なる伝統的建築物と同様のありさまである」」、と［Waldron 1999: 邦訳一一］。

ここでは、哲学者の目から見た「推理」、つまり、①〝推論の間違いなさ〟[3]における「数学者＞法学者」という価値判断、②そのような判断をなし得る前提として織り込まれているであろう「数学者≧哲学者＞法学者」という序列、そして、③法学者の目から見た「法学者＞立法者」という序列が示されている。

この一連の流れ（①〜③）からは、推移律の自然な導きにより「数学者≧哲学者＞法学者＞立法者」という〝推論の間違いなさ〟、つまり「問題をただしく説明する」力の序列を見出すことができるだろう。――このような序列は、あまつさえホッブズやブラックストンなどの諸「権威」に拠り、加えて、異なった者の間の観点からする価値判断（「哲学者の目」と「法学者の目」）を混同した上でぎこちなく接ぎ木されたものではあるが、「問題をただしく説明する力」に関しては、世上少なからず「立法者は哲学者に劣るもの」と考えられているらしいことが看て取られる。では、この序列のほぼ両端に位置する「哲学者」と「立法者」との対話とは、どのようなものなのだろうか。「問題をただしく説明する力」の序列において、哲学者は立法者にいや優るのだろうか。以下では、具体的な例を素材に採って考えてみることにしよう。

菅季治の場合

一九五〇年三月から四月にかけ、衆参両院の委員会[4]に一人の哲学者が証人として呼ばれ、立法者たちとの対話に臨んだ。哲学者の名は、菅季治。東京文理科大学哲学科に学んだ彼は、卒後、旭川師範学校に「心理及論理[5]」の教師として職を得たが、のちにこれを辞し、田中美知太郎・高坂正顕らの下で京都帝国大学大学院の哲学科に学んだ。著書として『哲学の論理』・『人生の論理』などを遺している。また、哲学徒としての出発点である大学卒業論文の題目は「形式的論理学と弁証法論理学」であり、この点（本論で後に問題となってくることなのではあるが）、上二つの著書のタイトルとも見合わせると、そこには、彼の「論理」への強い拘泥わりを垣間見ることができる[6]。

戦中、菅は召集されて渡満し、そのまま終戦を迎えたが、その後まる四年、ソ連によって中央カザフ共和国カラガンダ市に抑留され、収容所での通訳を務めた。一九四九年十一月、彼はようやく帰国を果たしたが、時をおかずして、日本共産党書記長・徳田球一がソ連に対し「日本人抑留者の中でも反動は帰すな」と「要請」していたという噂が帰還者の中から飛び出し、世間を騒がせることとなった（所謂、徳田要請事件）。徳田は議会でこれを否定したが、事態は収まらず、「徳田要請」云々をソ連の政治将校が抑留地の日本人たちに喋るのを通訳した菅季治自身が、証人として国会に喚問されたのだった。菅は国会での発言の最初の方で、次のように言っている。

> 私は勿論徳田要請のあるかないか、存否一般について何もお話することはできない。ただあの場合の通訳として私が関係し、知っておる事実についてだけお話します［ソ連政治将校による発言があった日の状況と当該発言のロシア語原語の音引きによる紹介を間に挟む］――まあ私は大体直訳する方が間違いないと、いつも通訳の経験から信じておりましたので、次のように通訳したと記憶しております。「いつ諸君が帰れるか、それは諸君自身にかかつている。諸君はここで良心的に労働し、真正の民主主義者となるとき諸君は帰れるのである。日本共産党書記長徳田は、諸君が反動分子としてではなく、よく準備された民主主義者として帰国することを期待（надеется）している。」以上私はあの日あの場の事実だけを述べました。［強調、及び原語附加は筆者による。以下同様］[7]

上の発言に続いて、彼は議員の質問に応える形で当時の「話者（政治将校）」と「聴き手（抑留者）」の心理状況を「解釈」してみせ、それが「徳田要請があった」という臆断へと転化してゆく経緯を説明してみせる。本来ここで中心的に議論されるべきなのは、菅によって「期待する」と訳された「ナデーツァ（надеется）」の語をめぐる端的な「事実」のみであったはずにもかかわらず、これらの菅の証言に対する国会議員からの応答は、甚だ埒を越えたものとなって行った。すなわち、上で引用した証言の中でも繰り返し「事実についてのみ」・「事実だけを」と述べられているように、菅が「自分の確信しうる領域をはっきりと線でかこって示した」にもかかわらず、議員たちからの質問は、そのような彼の「たしかさの度合いの区別についての、論理学者らしいはじらい」［鶴見一九五二：一〇〇］を乗り越えて放埒に進んで行ったのである。

議員たちの発言は、古くアリストテレスの『詭弁論駁論（*Sophistici Elenchi*）』に示された伝統論理学上の「誤謬論（de fallaciis）」[8]の恰好の例題にさえなり得る、〝教育上、豊かな内容〟をも含むものでもあったが、以下では、そのうちのいくつかを見てみることにしよう。

先にも述べた通り、ここでの中心的問題の一つ、そして本来それのみが問題とされるべきものであるのは、ロシア語のнадеется という語を「期待」と訳したという、この一点の「事実」のみに関わるものであったはずなのだが、これについてある議員は次のように言っている。

○**篠田委員**　証人たちにちよつとお尋ねしますが、先ほど吉武委員の質問に対しまして、徳田書記長は民主主義者となつて帰国することを期待しておる。期待しておるのであつて、要請しておるのではないというあなたの証言がありました。そこで今ここに出されましたゲネラーリヌイ・セクレターリ・ヤボンスコイ・コンパルテイイ・トクダ・ナデーエツアという言葉のナデーエツアということを期待しておるというふうにあなたは訳しておられるのでありますけれども、それを日本共産党書記長は期待しておるのではなく、要請しておると訳すことは、ロシヤ語としてできませんか。

この質問に対して菅は、「デリケートですね。ちよつと強過ぎると思います」とやんわり否定の意を示すが、議員はそれを無視してさらに次のように畳みかける。

○篠田委員　ちよつと強過ぎると思うということはあなたの主観であつて、言葉というものは普遍妥当性を持つておる。であるから、訳し得るかどうかということは、あなたの主観を聞いているのではない。あなたが通訳として期待しておると訳したその訳し方を、もし私が徳田書記長は要請しておるとナデエエツアという言葉を訳したとしたら、それは誤りであると思われるかどうかということを聞いている。

○菅証人　それは強過ぎると私は言わなければなりません。

「言葉が普遍的妥当性を有する」という、この断言的言明の分析的意味は俄には（じつのところ皆目）判然としないところではあるが、議員はこのように大した「言語哲学者」ぶり［鶴見一九五二：一〇一］を誇示し、しかる後に以下のような一驚に値する発言をも行っている。

○篠田委員　これは正常の言葉でありますから、普通希望しておる、結局英語で言つても、要請ということはホープ、片方の期待ということはエクスペクト、そういうふうに区別はあるが、この場合ロシヤ語には私は区別はないと思う。この点を事務局のロシヤ語の専門家の方に、ナデーエツアという言葉を期待していると言う通訳もあるし、これに対して要請していると解する委員もあるから、要請ということが誤りであるかどうかということを専門家の立場においてお聞きしたい。

hope が要請、expect が期待という、じつに興味深い区別。[9] しかし、この質問はいまだ надеется の語（端的な「事実」）をめぐるものであるだけに、相対的には罪のないものかもしれない。というのも、その他の質問においては、もはや菅は「証人」ではなく「被告人」として取り扱われてさえいるからである。先にも見たように、菅は自分が実際に何を聞いたかの証言（端的な「事実」）ではなく、聞いたことについての「解釈」を問われ、さらには「意見」をも問われてゆくのである。鶴見は次のように言う。

そして、議員側ではどの意見が正しいということは前もってきめてあるのだから、意見をきくということは踏み絵をしいることである。［鶴見一九五二：一〇二］

哲学者ならぬ被告人・菅季治へのかかる「踏み絵」は議員による次のような一連の執拗な発言にグロテスクな形で表出・顕現する。いささか長くなるが（しかし、全体の量から見るならば、ごく一部でしかないのではあるが）、以下をご覧じられたい。

○安部委員　証人はいま正式に入党した共産議員でありますか。

○鍛冶委員長　あなたはカラカンダにおいて民主グループの中へ入って、アクチーヴとして活動しておられたという人もあるのですが、そうじゃないですか、……

○安部委員　けれどもアクチーヴというものは、共産党員でなければほんとうはソ連の官憲が認めないのではないですか。アクチーヴならずんば反動、反動ならずんばアクチーヴということではなかつたのですか。

○菅証人　共産党員でなければアクチーヴということではなかつたわけです。それからまた各収容所によつて違いますけれども、大体全収容人員の一、二割がアクチーヴ、六、七割が民主的傾向者、あるいは民主主義者、そして残りの者が反動、大体そういうふうに区わけされておつたようです。

○安部委員　あなたが言うところの民主主義者というものは、われわれの了解しているデモクラシー、英国とかあるいはアメリカのデモクラシーというものとは違つて、ほんとうの意味における共産主義のことを民主主義というのでしょう。

○鍛冶委員長　そうしてみれば、その民主グループのうちのアクチーヴとなれば、共産主義者中の実行者、積極行動者でなければならぬと思う。当然共産主義の熱烈なるものとわれわれは解釈するのだが、これは、どうですか。

○鍛冶委員長　けれども民主主義にあらざれば反動、反動にあらざれば民主主義、民主主義とは即共産主義だ、そのうちのアクチーヴなんですから、最も共産主義の熱烈なる者と思うのだが、便宜主義でやったというのは、やむを得ぬからカモフラージをやっていたというのですか。

「アクチーヴ」や「反動」といった「刺激のつよいことば」〔鶴見一九五二：一〇三〕をほとんど強迫的な域に達するまでに畳みかけ、菅は共産党員であるかもしれない、共産党員に違いない、共産党員である、共産党員でないはずがない、[10]と端から決め付ける。また、「アクチーヴならずんば反動、反動ならずんばアクチーヴ」・「民主主義にあらざれば反動、反動にあらざれば民主主義」と偽りの両刀論法（dilemma）を丹念に仕込み入れつつ、最前提として「共産党＝悪」という価値判断が不動のものとして論点先取（assumptio non probata）・不当仮定（hysteron proteron）され、さらに、この最前提に基づき、菅という一人の人間に対する「人身攻撃（argumentum ad hominem）」が展開されてゆくのである。

やりとりは、〝証言から尋問へ〟という推移をさらに飛び越えて、もはや拷問の域にさえ達し、以下のような形で先にも触れた「誤謬論」のあまりにも基本的（かつ悪質）な練習問題を提供しつつ、クライマックスに達するのであった。

○**岡（延）委員**　ちよつと証人に伺いますが、先ほどあなたは天皇制に反対だとおつしやられたようですが、その通りですか。

○**菅証人**　天皇制に反対です。

○**岡（延）委員**　ところが日本においては共産党はむろん天皇制に反対しておる。しかしわれわれが共産党員に個人的に話してみると、どうも天皇制に反対するのはわれわれ個人としてはいやなんだ、そう言う人さえおる。ところがあなたは共産党員じゃないと言われるが、天皇制に反対だと聞かれもしないのに積極的に言うくらいである。しかもカラカンダにおいてはアクチーヴであつた。ところがあなたは今言う通り、党員じゃないと言つても天皇制に反対だと言う。和製共産党員以上の、ソ連式の本式のあなたは共産党員だと私は断定してもさしつかえないと思う。そこにあの問題が起こつたために、徳田書記長及び共産党が非常に不利に陥つた。それでどうでも解釈できるものを、わざわざかばうために、あなたがああいう声明を発したというのが、あなたの偽らざる真の心境ではないのですか。

○菅証人　私は事実を述べただけであります。実際は徳田さんを同志とも思つていません。また天皇制反対といつても、別に実践活動をやるつもりでなくて、昔は神様といつてわれわれを死地に追い込み、一九四七年の正月ですか、神様でないというようなことを言う、それに対しては私は反感を持つています。

共産党員は天皇制に反対する。しかし、すべての共産党員が天皇制に反対なわけではない。しかるに自ら「共産党員ではない」と主張する菅は天皇制に反対している。したがって、「菅は党員ではなく、かつ天皇制に反対である」という命題は偽である。以上より、菅は「和製共産党員以上の、ソ連式の本式の共産党員」である［Q. E. D.］。――この廉恥なくも「論証」を装った代物の基本線は、「共産主義者ならば天皇制反対論者である、よって天皇制反対論者は共産主義者である」という後件肯定（affirming the consequent）[11]によって強く支持されている点で、火を見るよりも明らかな誤謬を犯している。

菅季治は、以上のような証言を衆議院で行った翌日、一九五〇年四月六日午後七時二十五分頃、岩波文庫版『ソクラテスの辯明・クリトン』をポケットに入れ、吉祥寺駅付近の踏切で中央線立川発上り電車に飛び込んで轢死した。師の田中美知太郎宛の遺書には、「ただ一つの事実さえ守りとおし得ない自分の弱さ愚かさに絶望してわたしは死にます」と記されていた〔菅一九五〇／一九九二：一三七〕。

「神話」・「議事録」

ここまで、「哲学者と立法者の対話」に関する、一つのケースをじっくりと見てきたわけだが、これに関して哲学者・鶴見俊輔は、少なからず有益な二つの〝教訓〟を残している。先に挙げた菅の遺書に「ただ一つの事実さえ守りとおし得ない自分の弱さ愚かさに絶望」した旨、自裁の理由が記されていたが、菅が議会での証言直前の日記に漱石の『彼岸過迄』から次のような一節を引いており、そこには彼の「事実」に対する考え方の一端が示されている。

> そして事実そのものはその中で変容し、成熟してゆく、一般大衆の前にならべられる時には、彼女はもう輸入バナナのように色づいている。

同じく遺書の中で、菅は「わたしはありのままの事実を公けにして国民の健全な判断力に訴えようとしたものである」と記しているが、ここには既に見たような菅自身の中に強く内包された〝論理的純潔性〟への希求とともに、「ありのままの事実」を人びとに伝え得る状態に自ら達し得るという、「完全なるコミュニケイションの神話」〔鶴見一九五二：一一〇〕があったのではないだろうか。彼にとってコミュニケイションとは「その過程において内容を色づけしたりしないように、完全に透明」なものであらねばならず、かかる菅の〝希求・神話〟の中に、鶴見は一種の「ユートピアニズム」を見出し、次のように厳しくこれを斥ける。すなわち、

> 「絶望する」のは甘いからだ。「絶望」は良家の子女の特権である。この甘い態度がある限り、ぼくたちは、ぼくたちをかこむ今日の状況にたいして効果的であることが、できない。この世界に当然あるディスコミュニケイションにたいして、もっと強くならなければいけない。コミュニケイションの皮にかくれたディスコミュニケイションをはっきりと見つめ、この質と量を計算しておかなければいけない。「話せばわかる」と言って殺された人は偉いけれど、この人が「話せばわかる」と言って殺されたという事実から目をそらす理由にならない。〔鶴見一九五二：一一五、強調筆者〕

さらに鶴見の言葉を拾うなら、「菅は、真理はイデオロギーの対立を超えて真理として受け入れられるであろうという信念をあまりにも深く信じすぎていた」〔鶴見一九七九：一五八〕のであり、このことは先に引いた彼の遺書のもう少し前の部分に記された「あの事件でわたしはどんな政治的立場に

もかかわらないで、ただ事実を事実としてあきらかにしようとした」という箇所にも明らめられている。——本章の最冒頭に立ち戻るならば、ここには中野重治において示された「党派性・階級性」を〝超克〟した「一般人間的・超階級的立場」への期待との反響（resonance）を聴き取ることはできないだろうか。

この「完全なコミュニケイションの神話」については後ほど改めて触れるとして、鶴見が与えるもう一つの教訓は、より端的で、以下のようなものなのである。前半に関してはいささかの留保を付けるとしても、後半に関しては大いに首肯するところである。

> ぼくたちは、政府の扶持をうけて、言語理論と論理学研究をしているものだが、なぜ議員や公務員に、論理学の初歩をおしえる機会を与えられないのか。……大学に職を奉じる公務員は、活発に、議会の討論をこそ、分析し批判することが公務員としての正当な任務であると思う。［鶴見一九五二：一〇五］

このようなアイデアは後段で改めて触れることとなる「熟議民主政（Deliberative Democracy）」[12]と呼ばれる昨今の潮流の中にも事例を掬すことができる。例えば、J・スタイナーらは各国議会の「本会議及び委員会」における「議会言説（parliamentary discourse）」の内容を一定の評価基準（DQI: Discourse Quality Index）[13]に従って定量的に計測し、その「熟議（deliberation）」度を規範的に評価するといった試みを行っている[14]［Steiner et al. 2004］。議会の主要なアクターたる議員やその関係者に対する面談調査などが、ややもすると主観・不正確に傾斜したものとなりがちなのに対して、この手法は、議会で「正確に何が言われているのか（what is actually said）」に基づき（確定性）、また近年しばしばオンライン・データベース化されている点（アクセス可能性）で二重の形式的利点を有する集積された言説集合、——つまり、「公式の議事録（transcripts）」を有効に利用しようとしているものを見ることができるだろう。また、かかる事例とは別個に、実際に立法を補佐する当事者からも次のようなことが言われている。すなわち、「わが国ではイメージが先行する中で、国会審議について語られ、また、審議の内容そのものにはあまり目がむけられないままにお決まりの評価がなされてきたといえるのではなかろうか」[15]［川崎二〇〇五：二、強調筆者］、と。本章は一面において、そのような問題提示に応答しようとする、ささやかな試みでもある。

三　「問題」の解析

さて、以下では本章の大きなモチーフでもある、ここまでで積み残された二つの問いを再び振り返ってみることにしよう。二つの問いとは、以下の通りである。

Q1「問題が正しく説明されさえすれば」という条件節の前置が、果たして直ちに「他の党派のものも従う」と云った事態を自明・機械的に帰結するのであろうか。（第一節）

Q2「哲学者」と「立法者」との対話とは、どのようなものとなるのか。哲学者は立法者にいや優るのだろうか。（第二節）

まず、直前の菅季治のエピソードから直截・簡潔に答えられそうな「Q2」の方から手をつけてみると、解答は、狭隘な意味では「是」であるが、しかし、本質的には「否」である。

ここでの哲学者の側の優位は、本章で引用した部分を見る限りでは、それが哲学者に内在する論理的貫徹力が行使される形で明示的に示されているわけではなく、どちらかといえば、頼まれてもいないのにせっせと論理学（誤謬論）の練習問題を提供し続ける立法者の側の〝敵失（own goal）〟によってもたらされてはいるのではあるが、〝推論の正しさ〟という狭い範囲（field）においては、少なくとも哲学者が立法者に劣位しているわけではないこと（だけ）は確認できる。

実のところ、菅季治は、委員からの「要請しておると訳すことは、ロシヤ語としてはできませんか」という問いに対して、「要請というのは、哲学で言えばカントの実践理性の要請（Anspruch）という特別な言葉であり、ふだんにおいては私自身としてはあまり用いておりません。第一私の語感から行きますと、……あいまいな言葉だと思います」（原語附加は筆者）などと、あらずもがなの衒学を開陳しさえしている。鶴見は、これに対して、「むしろ京都大学大学院哲学科学生としてしこんだはずのノエマ・ノエシス、エルゴン、絶対矛盾自己同一、などということばをつかって哲学者らしい演説をこころみるほうが〝要請はホープ〟などと公言する議員には効果があったと思われる」〔鶴見一九五二：一〇九〕などといささかの皮肉を示しているが、菅が本来進むべきであったのは、宮本百合子が小文「若き僚友に」（一九五一年）の中で示した以下のような道筋だったように思われる。

> 菅氏は、ロシア語の実際として、要請には、プロシェーニエ（прошение）という別の言葉があり、よりつよい意味での要請――ことわりにくいほど命令のニュアンスがふくまれた要請の場合には、はっきりとトゥレヴォワーチ（трéбование）というもう一つの言葉があることを、彼らが執拗であると同じ根気づよさで、率直にくりかえし主張してよかったのではないでしょうか。〔原語附加は筆者〕

宮本が言うように、菅は〝確言できること〟のみを述べ、そうでない事柄（「解釈」・「意見」）に関してはあえて沈黙を守ることによって真に狭く「論議領域（universe of discourse）[16]」を限定、画定すればよかったのではないだろうか。

しかし、仮に、菅が宮本の示唆する通りに、内なる〝論理的純潔性への希求〟と合致した発話を外面的にも完全に遂行し、結果として完全な推論過程を構築し切ること（妥当な論証）ができたならば、その時こそ、躊躇なく「哲学者は立法者に優位する」と言い切ることができたのだろうか。これに対する解答こそが、既に示した通りの「否」である。

この「否」の理由は、ここで問題とされるべきなのが単なる四方山《よもやま》無定形・談論風発型の対話ではなく、〝議会という特殊な場〟におけるコミュニケイションという強い限定が附されたものであるからだが、以下では、この点をさらに明らかにするために、上に挙げた「Ｑ１」へと進み入ってゆくことにしよう。煩を厭わずに「問い」を再掲すると、次の通りである。

Q1「問題が正しく説明されさえすれば」という条件節の前置が、果たして直ちに「他の党派のものも従う」と云った事態を自明・機械的に帰結するのであろうか。（第一節）

この「問い」はさらにいくつかの部分に分節され、なおかつそれ自体として問いに晒されねばならないものであると言える。すなわち、ここで言うところの「問題」とは何を意味しているのか。また、「正しく」とはどのような事態を指すのか。はたまた、「他の党派のものも従う」というのはいかなる事態なのか……以下ではこれらを、それぞれ検討してゆくことにしたい。

Q1-1「問題がただしく説明されさえすれば、」の「問題」とは何か？

この点、J・ハーバーマスは「立法者」と「問題」をめぐって次のような興味深い記述を行っている。

> 議会は社会的諸問題の把握と主題化に対してもっとも広く開かれているが、この感受性の強さは、行政機構に比べて劣悪な問題処理能力と引き換えに得たものである。〔Habermas1992：邦訳八四f、強調筆者〕

既に見たように立法者は確かに〝推論の間違いなさ〟（という狭いフィールド）においては「処理能力」の「劣悪」さを露呈していたが、しかし、ここでより重要なのは、上引用の前段に示された、立法者が有する「社会的」なそれをも含む広い意味での「問題」の「把握・主題化」能力における〝開放性〟と感受性の強さである。このような議会＝立法者の能力、特に「主題化」の力は、「争点明示機能」という言葉で置き換えることもできるものであるが、〝何が問題なのか〟という、議論そのもの（推論も）が遂行される下地となるべき「メタ問題」の設定管轄権は、そもそも「立法者」の側にあることが、ここでは裏書き（endorse）されている。そして、いかに「もっとも広く開かれている」といっても、その「感受性の強さ」は何でもかんでも引き受けると云った形での大盤振る舞い、来る者は拒まず的な過度の開けっ広げな〝開放性〟を意味するわけではないのである。

実際、一会期中に提出される法律案の数は膨大な数に上るが、にもかかわらず、これらは潜在的に存在しているかもしれない（後述の〝公共圏〟の側から発せられる）全社会的な要求群の総和からするなら、ごく一部に過ぎず、逆に言うなら、かかる奔流を堰き止める一定の関門を設けなければ、議会の（処理）能力を超えたオーバーフローが発生することとなる。

例えば、（本章初稿の執筆時）直近に終了した「常会（通常国会）」である第一六二国会（平成十七年一月二十一日〜八月八日）において提出された法律案は、内閣提出法律案九一（七六）、衆議院議員提出法律案六二（一九）、参議院議員提出法律案一〇（一）である。[17] この他にも、当該国会で審議された議案としては、予算関係が六、条約が九、承認が三、承諾が一二、決算その他が九、決議が七となっている。[18] つまり、国会は二百日の会期（土日・祝日を除くなら実働百数十日程度）[19]の間に、単純合算して計二〇九件の議案に関して何らかの判断・決定を下していることになる。また、提出法律案数の推移を歴史的に見た場合、近年この増加傾向は益々強まっていることが附記される[20]［立法学研究会二〇〇一：五二一五八］。

話を戻すと、上述の議会が有する〝開放性〟如何については、以下のようなハーバーマスによる説明図式の中で、より詳細な議論が展開されている。ハーバーマスは、「生活世界」に基盤を有する「市民社会」と「政治システム（行政・司法・議会）」との間に介在するものとして、新たに「政治的公共圏」を措定し、そのような公共圏（社会領域に存在）が、生活世界において触知された問題状況を反響・増幅し、公式の回路（「＝政治システム」）へと伝達することを想定している［Habermas1992：英訳 359f］。

ここでは、①（周辺部の）生活世界において触知された問題が、②市民社会に複生する自発的諸結社を経由し、③さらに政治的公共圏で増幅された形で形成される「公論」となり、④それが最終的に（中心部の）公式の政治システムへと媒介されてゆくことが想定されているわけだが、問題伝達の最終段階たる、「政治的公共圏」から「公式の回路（「議会」）」への媒介は、あくまで「可能的なもの」にとどまるものとして描出されている[21]［Habermas1992：英訳378、380］。

この点は誤解を招きやすく、また、その責任の一端はハーバーマス自身にもあるが[22]、本来注目されるべきは、以下の一節に示されたアイデアであるように想われる。

> 拘束力のある決定は、それが権威を付与されるべき場合には、中心部［＝政治システム、公式の回路］の狭い水路（sluice）を通り抜けてゆかねばならない。［Habermas1992：邦訳八六］

彼はこの水門（sluice gate）の開閉が「可能的」であると言っているだけであって、水路へのcanalizing そのものは、「必然的」でもなければ「恒常的」でもない。むしろ、ここでの力点は〝普段は閉じている〟ということに置かれるべきなのではないか（pace Habermas）。また、水門の開閉弁は、既に述べた通り、現実の議会における時間資源の希少性その他の制度的ファクターによって構成されるハードなものである。

なぜ、水門は〝閉じて〟いる必要があるのか。それは、上述の de facto かつ de jure でもある制度的与件（制約）に加え、「生活世界において感知された問題」が「政治的公共圏での増幅、及び公論の形成」へと導かれてゆく際の様態にも、その理由の一端を見出すことができる。このプロセスを媒介するものは、上でも述べた通り、しばしば「市民社会に複生する自発的諸結社」として規定されるものであるが、この媒介者は一切ならず「公共性」を全き意味では体現し損ね[23]、あるいは甚だしくは僭称（詐称）しさえするのである（「公共性」騙り）。[24] 要するに、「公共（性）」なる語は、何でも冠することのできる一種のマジックワード[25]であるからこそ、その使用に対する厳重な戒めとして、「水門」はデフォルトで〝閉じられているべき〟なのではないか、と思われる。[26]

上に挙げた（文節された）問いに関して、最後に一つだけ附言するなら、既に縷々述べてきたように、制度実態を知らずして「可能的なるもの」を論じることの実益がいかほどのものかは、判然としないように思われる。さらに言うならば、制度実態を知悉することによってこそ、かかる制度与件自体を自覚的に維持・変更・撤廃することが可能となるのであり、われわれはそこで初めて解くべき「問題」を発見することになるのではないだろうか。

Q1-2「ただしく説明される」の「ただしく」というのは何か？

次に二つ目の「問い」に入ってゆくが、まず、ここでの「ただしく」を最狭義（最強意）の語義で捉え、〝推論における間違いなさ〟、つまり、論理的厳密性・稠密性の達成と見ることは、〝実践〟においても、[27]〝理論〟においても破産していると言わざるを得ない。前者に関しては、既に見た菅季治のエピソードを解釈学上の「慈悲の原理[28]（principle of charity）」を最大限に適用して反芻してみても自ずと明らかであろうが、後者に関してはここでの「ただしく」の意味をより広くとって、必ずしも論理貫徹性のみに限定されない「合理的・理性的討議」一般の遂行を意味するものとして捉えた場合のことを考えてみることにしたい。

民主政を、剝き出しの諸利益が角逐し合う〝利益多元主義的なもの〟としてではなく、「合理的・理性的討議」の遂行されるべき場として再構想する思潮としては、先に触れた「熟議民主政」と呼ばれるものが存在する。この意味内容をめぐっては、様々な議論が存在するが、J・エルスターに拠りつつ、最大公約数的に定式化するなら、それは「自由で平等な市民の間で行われる合理的な議論による集合的意思決定」であり、そこでは単なる投票や取引による選好の集計ではなく、「討議 argument」を通じた決定が目指される［Elster1998：1］。

歴史的に見るなら、かかる「熟議民主政論」の骨格をなす〝「討議」と「客観的真理」との間に連関を見出すような態度〟を苛烈に批判した論者として、まずはC・シュミットの名を挙げることができる。（立法過程の規範的考察の一環として行われた）長谷部恭男の整理に則るなら、シュミットは「公開の場における討議が客観的に正しい政治的決定をもたらすはずだという古典的な議会主義」を「討議の結論を〝真理〟と同一視するものに過ぎない」ものとして論難している［長谷部二〇〇一：九〇］。

この前提として、シュミットは、議会制民主主義が立脚する二つの原理として次の二つを示す。すなわち、①「言論出版の自由に支えられた議会での公開の討議が客観的に正しい国家意思の形成をもたらす」という「自由主義原理」と、②「治者と被治者との自同性」に基づく「民主主義原理」である［長谷部二〇〇一：一一八］。

このうち、「自由主義原理」は、議会での討議に関連する形での「客観的真理」へのコミットメントを表現するものと見ることができるが、シュミットは次にように皮肉を込めて、これを批判している。

> 競争から自ずと調和が生じるのも、意見の自由な闘争から真理が生ずるのも、全く同じことである。実際また、ここにこの思想［＝自由主義］一般の精神的な核心が横たわっており、真理が意見の永久闘争の単なる関数になってしまうという、この思想の真理に対する特殊な関連が横たわっている。これは真理に関して決定的な帰結に到達することの断念を意味する。ドイツ的思考にとっては、こうした永久の討論は、永久の対話というロマン主義的観念の方が親しみやすいものであった。［Schmitt1923：邦訳四八］

かかる批判に対しては、かように描出される〝客観的真理と直截に連関させられた討議〟という観念図式を回避し、単なる討議ではなく、「熟議（deliberation）」を「議会」ではなく、社会領域において遂行されるものとするような考え方も存在する。これはハーバーマスから示唆される形で「公開の討論の場という観念を時間的にも空間的にも、より拡大したものとして捉える」立場である。長谷部によるなら、このような立場において「議会での発言、討議は、対立する党派に向けられているというよりは、むしろ世論一般に対して向けられて」おり、「社会大の公共空間ではそれを受けて討議が進められ、その結果は次の選挙において各党派の勢力に反映され、ひいては議会での審議にも間接的ながら反映される。つまり、現代では、客観的真理を求める公開の討議と決定は、より広い時間とより広い空間を通じて、つまりより希薄化された形で遂行されていることになる」のである［長谷部二〇〇一：九四］。

しかし、議会において遂行される言説そのものへと踵を返すなら、それは、十分に豊かな時間資源を投下して行われる「談論風発」風の「じっくりと時間をかけた討議の積み重ね」である「熟議（deliberation）」などではあり得ず、本来的に「フォーマルな議事手続上の約束事に基づいて賛否の表決を繰り返しながら、出口に向かって粛々と進行するなかで行われる」といった類のものであり、衆参の各院規則に記載された「質疑・討論」[29]以上のものでも、それ以下のものでもないことが再確認される［高見二〇〇四：二九－三〇、三四］。

高見勝利は、ロマンティーシュな〝終わりなき対話〟風に「いつ果てるとも知れない際限ない談論風発を通じて、よりいっそう、相互に理解を深め、人格的に高め合う（höherstufge Intersubjektivitat）といった」ものとして表現される「熟議」を、議会におけるそれと峻別している[30]［ibid.：二九］。この点ハーバーマスも次のように言っている。

> 政治的システムの中心部での作動の大部分は、ルーティーンによっておこなわれる。裁判所は判決を下し、官僚は法案の策定や申請の処理を行い、議会は法案と予算を可決し、中央政党は選挙戦を戦い、クライアントは「自分たち」の行政に影響力を行使する――そしてこれらすべての出来事が、確立された様式に従って実施される。［Habermas1992：邦訳八七］

既に「水門」について論じた箇所とも通底するのではあるが、仮に「客観的真理」への到達を目指す、じっくり時間をかけた「熟議（deliberation）」が社会的領域において遂行され、そのようにして形成された「公論」が「議会」の内部へと水路を切り拓く（canalize）ことがあるとしても、それは、たまさか可能的なものにとどまるものであることが、ここでも改めて確認される。

また、同時に、議会での discourse を上述のように形式的に切り詰められたものとしてではなく、次のように見ることも可能である。

> 議会における法律案の審議・決定の場を支配するのは、「法的議論」（legal argument）ではなく、主として「政治的論議」（political argument）である。その場を支配するのは、「法の根底には、力がある。この力が働いて、法を作り、法を支え、場合によっては法を破る」と、尾高朝雄が喝破した「政治」の力である。［高見二〇〇五：四〇七］

言うまでもなく、かかる見方もまた、最前からここで問題とされている中野重治・菅季治に現れた「〝ただしく〟説明しさえすれば、」という条件節の成就を破砕するものであるが、ここでは、既に見た「哲学者＞法学者＞立法者」という論理的貫徹力の序列における第二者さえも、立法者のホームたる議会では優越的地位に立ち得ないことが看取されるのである。

Q1－3「他の党派のものも従う」とは何か？

さて、最後に残った問題を検討することにしよう。以上において「条件節」の部分は、ほぼ破砕し終えたと思われるが、以下では、百歩譲って、もし仮に「条件節」の内容が貫徹されたとしても「帰結節」の内容成就は全くもって保証され得ないし、そもそも帰結節の内容が意味するところ自体が、〝謎の事態〟であることを論じることとなる。

紙幅の制限もあるので、いきなり端的に言うが、この帰結節は、所謂「収斂説」を指示するものであり、井上達夫はそれを次のようなものとして描出している。

> 「真理は一つ」だから、理性的議論を積み重ねれば、見解を対立させる人々も、おのずと合意に到達するはずだとする「収斂説（convergence theory）」は、真理に合意を保証させることにより、合意を真理の、いわば「認識根拠」にしている。［井上二〇〇一：一八二］

このような立場が前提するものとして、井上は「素朴実在論」と「理性能力楽観論」を挙げるが、他方で、前提の前者を否定しつつも後者に対しては依然として期待を維持するような立場として、ハーバーマスその他の「合意説（consensus theory）」が措定されている。しかし、井上はこれらすべてをまとめて、以下のような根源的批判を投げかけていることが注目される。すなわち、しかし、探求の成功にとって、本当に合意は必要なのだろうか。むしろ、対立の存続こそが、探求の選賛成の条件であるとは言えないだろうか。……対立の存続が人間の存在理解を豊かにするという事態を、われわれはどのように哲学的に解釈すればよいのか。［ibid.：一八二］

ここには、〝対立の解消〟、つまり〝全員一致の合意や決定〟という事態の成立（たとえそれが規制理念の次元にとどまるものであっても）に対する健全かつ根源的な懐疑が指し示されている。

ところで、「全員一致の決定は疑わしい」とは、『日本人とユダヤ人』の中でイザヤ・ベンダサン（こと山本七平）が書いたことである。彼は、イエスの時代のユダヤの国会兼最高裁のようなもの（?）である「サンヘドリン」の規定を引いて次のように論じる。(31) 少々長くなるが、大変興味深い話であるので、できるだけ掻い摘んで引用すると、以下の通りである。

サンヘドリンには明確な規定があった。すなわち「全員一致の議決（もしくは判決）は無効とする」と。とすると、新約聖書の記述では、イエスへの死刑の判決は全員一致だったと記されているから、当然、無効である。この場合どう処置するかには二説あって、一つは「全員一致」は偏見に基づくのだから免訴、もう一つは興奮によるのだから一昼夜おいてから再審すべし、としている。……日本では、「全員一致、一人の反対者もない」ということが、当然のこととして決議の正当性を保証するものとされている。時には、多少の異議があっても、「全員一致」の形を無

> 理にもとる。もっと極端な場合には、明らかに全員でないのに、全員の如くに強弁する。たとえば「全国民が一致して反対している安保を強行し……」といった言い方である。これはどう考えてもおかしい。少なくとも国会で賛成の投票をした人は賛成しているはずであるから。だが、これらの主張はすべて、自らの主張は無効であると主張していることになってしまうからである。……［この規定に現れた考え方の］最も奥底にあるものは、人間には真の義すなわち絶対的無謬はありえないということであろう。……従って、全員一致して正しいとすることは、全員が一致して誤っていることになるはずで、……全員が一致してしまえば、その正当性を検証する方法がない。絶対無謬はないのだから全員が誤っているのだろうが、それも分からない。従って誤りでないことを証明する方法がないから、無効なのである。［ベンダサン一九七一：六章］

いささか飛躍を含む論証（non sequitur）ではあるが、それを差し引くとしても、ここには興味深い論点が示されている。それは、政治哲学、もしくは法哲学上の素朴な議論としての“What follows if everyone agrees with you?”という問いである。世界には様々に異なる見解があり、どこかしらで何らかの意見の対立や相違が生じるということが「政治」の前提となっているはずだが、もしもそうでなかったら?[32]……つまり、上でも述べたように、ここで検討されている帰結節の成就は、このような意味で根源的に〝謎の事態〟なのである。

また、この帰結節において対立の解消の前提として織り込まれている「党派性」、いま少し俗な言葉で言うなら、〝徒党〟については、太宰治が、彼らしくも厭らしい屈折の下、唾棄すべきものとして描き出してはいるが〔太宰一九四八：一四八－一五〇〕[33]、しかし、実際の政治過程においては、相手が党派性を剝き出しにすればするほど、こちらとしては敵対者を容易に同定できるように思われるのだが、その点はどうだろうか。友／敵関係の顕現は、シュミットを彷彿とさせる形での陰惨さに塗り潰されたものなどとしてではなく、むしろ佳き状況として捉えられても宜しいのではないか。そこでは、索敵コストが省け、兵站の効率・集中的な運用が可能となる（往時の郵政民営化国会・選挙を見よ）[34]。――ここで価値を置かれているのが「ただしさ」などでは毛頭なく、単なる効率性のみが追求されていると映るかもしれないし、あるいは非本質的、表層的な議論である、と思われるかもしれない。しかし、われわれの生の本質の一端は、その「有限性」にある。この限られた生を、その範囲内で悦びに満ちたものとし、快楽効用を出来得る限り増大せしめるためには、われわれは効率的に「比較的ましな結果（better output）」を求めるべきなのである。

　本章では、この三つ目の〝問い〟に関し、以下、論点を箇条書き風に提示することで、問題提起に代えておくこととしたい。

●「党派性」を問題とするのは良いが、現代議会制民主主義における不可欠の構成物である、「政党」についてはどう考えるのか。確かに本章でたびたび登場した（少なくとも二〇〇四年の綱領改定より前の）日本共産党のように所謂「世界観政党」として屹立・非妥協である場合は別格としても、選挙を通じて政策パッケージへの信任を行う人民の観点からするなら、議会での討論で、そう簡単に意見（パッケージ）を変えられても困るのではないか。また上記に附加して、例えば、コンドルセの定理[35]に示されるように討議者の数自体が増え、その際の各個の判断のただしさが平均して二分の一の確率を超えるなら、その結果産み出される決定のただしさも完全へと収斂してゆくだろうし、またウォルドロンがアリストテレスから導出した「多数者の英知の理論（Doctrine of the Wisdom of the Multitude）」[36]［Waldron 1999 : ch. 5］なども存在するが、党議拘束をかけられた政党所属議員や議会における会派の存在を念頭に置いた場合、「判断主体」の数は、著しく少なくなる。この点をどう考えるのか。

●「他の党派のものも従うだろう」と言うが、そこでは自己の変容機会を無前提に排除しているのではないか。それは自らが抱懐する信念に関しては一切変容を蒙らず、予め持ち合わせていた自己の所信に合わせた形で相手の所信を引き延ばし切り詰めることといかに違うのか。他者だけが〝従い〟、自分だけはいつも〝従わせる〟のか。前出のエルスターは、「偽善の文明化作用（civilizing force of hypocrisy）」というタームの下、いかに私的利害に貫かれた動機を有していようとも、公開の場の言論においては、少なくとも自らの議論が「公益を目指すもの（公共的）」であることを偽装せざるを得ず、また、その主張者は少なくともそのような自らの発言の一貫性に対する責任をも有するので、したがって、動機においては邪悪な者も、公開制の下においては、その表出言説を規制・矯正され得る、といった議論を展開していることも注目に値するだろう［Elster1998 : ch. 4］。

四　終節

以上から素直に読み出されるのは、議会において「ただしい説明」や「熟議」、あるいは「理性的討議」などは無意味なものであるとか、ともすれば、〝剝き出しの「政治の力」のみが議会を領導するものである〟とか云うような印象であるかもしれない。[37]

しかし、議論の核心はもちろん、そのようなことでは毛頭なく、立法・立法者、そしてその言説を含む立法過程全体に対し、それに過大な期待をするのでもなければ、過小に蔑むのでもなく、あくまで〝等身大〟のものとして捉え直そう、という点にある。前出の長谷部は、この点について以下のような形で、事の本質を誠に剴切に述べている。

> 立法の復権、特に代表議会での立法の復権を説くことにどのような意味があるだろうか。法律学、特に憲法学との関係でいうと、さほどの意味はないという見方も成り立ちうる。日本の憲法判例には、裁判官には想像も及ばない専門的技術的知識を備え、公共の福祉を誠実に実現すべく与えられた広範な裁量をいかんなく駆使するこの世のものとは思われない理想的な立法者像が蔓延しており、これ以上、立法の権威を高める必要はないという見方である。むしろ、日本の立法者像の問題点は、こうした憲法判例に現れる合理的に再構成された立法者像と、マスメディア等で見聞きする現実の立法者像があまりにかけ離れており、後者の不面目が、前者を描く裁判の信

用低下（したがって統治機構全体の信用低下）をも招いている点だというわけである。［長谷部二〇〇三：二〇八―二〇九］

また、われわれの立法者に対する眼差しのみならず、立法者自身の視点にも目をやると、例えば「国会答弁のような」というクリシエが存在するが、国会会議録検索システムを用いて、戦後第一国会から直近の一六四国会までの間、このフレーズがどのように立法過程において（公式に）発話されてきたのかを眺めやれば、立法者自身が自らの言説に投影された形で抱く自画像に関する極めてアンビヴァレントな思いなしも、手に取るように分かるだろう。[38] が、既に見たように、立法者は、哲学者や法学者に何らのコンプレックスを抱く必要もない。[39]

さて、本章でじっくりと取り上げた菅季治の遺書（親友・石塚為雄宛）は、以下のような何ともいたたまれぬ一節をも含んでいる。これを取り上げて、結びとしたい。

> わたしは、あなたの言う「キケイ児」として自分の生を終わってしまう――タバコものまず、サケものまず、女性とのかかわりもなく、なんの浄世の楽しみも顧みず、ただピロソピア（哲学）へのあこがれに心を奪われて、わたしはピロソピアにおいても、なんの成果をつくったわけではない。しかし、ピロソピアへの空しいあこがれにより生命をすりほろぼしてしまうことでさえ、最大の世俗的快楽に落ちた生がいよりも、豊かであると信じている。［菅一九五〇：一三五］

これについては、本章冒頭に登場したのとは同姓別人の中野氏をして語らしめるなら、以下の通りである。

金がいらぬという男は怖ろしい。名誉がいらぬという男も怖ろしい。無私、無欲、滅私奉公などという人間にいたっては、ぼくは逸早くおぞ気をふるって、厳重な警戒を怠らぬようにしてきている。いいかえれば、この種の人間は何をしでかすか分からぬからである。［中野好夫一九四九：三四八］

善意から起こる近所迷惑の最も悪い点は一にその無法さにある。無文法（ノン・グラマー）にある。警戒の手が利かぬのだ。悪人における始末のよさは、彼らのゲームにルールがあること、したがって、ルールにしたがって警戒をさえしていれば、彼らはむしろきわめて付き合いやすい、後くされのない人たちばかりなのだ。ところが、善人のゲームにはルールがない。どこから飛んで来るかわからぬ一撃を、絶えずぼくは恟々としておそれていなければならぬのである。［ibid.：三四五］

鶴見俊輔が「コミュニケイションの皮にかくれたディスコミュニケイションをはっきりと見つめ、この質と量を計算しておかなければいけない」と言っていたことを想起すれば、ここで中野好夫の言っていることは、自ずと判明であろう。既に述べた通り、「全きコミュニケイション」は「神話」

に過ぎない。当然所与に「ディスコミュニケイション」の皮膜に覆われた、この世界を手懐けるためには、「文法（グラマー）」を知り、「計算」を能くする「悪人」たらねば、ならないのである。[40] されば、地の塩、世の悪人に幸あれかし。

※最後に明示すべきこととして、本書の菅季治にまつわる部分は、そもそもの〝発想・着想〟からして、文献表にも示されている鶴見俊輔の「二人の哲学者」（一九五二年）に極めて多くを負っており、本論は率直に云って、その変奏曲（variation）を目指したものである。この鶴見の作品に初めて触れたのは私自身の研究ノート（のち『ショッピングモールの法哲学』白水社、二〇一五年所収）の中でも、ぎこちなくこの菅季治の件を扱ったが、爾来十年、ようやく鶴見から与えられた、――と私自身が誠に勝手に思い定めていた〝宿題〟［鶴見一九五二：一〇五］を一旦提出することができた。なお、菅季治自身の手になるものとしては、『人生の論理』及び『語られざる真実』を、伝記的事実に関しては、特に［平澤一九九八］及び［多田一九九四］を参照した点、これも明記しておく。

文献

浅野一郎・河野久［編著］（二〇〇三）『新・国会事典』有斐閣
石堂清倫（一九九一）「日常性のなかの共産主義――「甲乙丙丁」の歴史的背景」『中野重治と社会主義』勁草書房
井上達夫（二〇〇一）「合意を疑う」『現代の貧困』岩波書店
大西巨人（一九四九）a「中野重治『国会演説集』」『大西巨人文選1：新生』みすず書房、一九九六年
――b（一九八六）「巨匠」『大西巨人文選4：遼遠』みすず書房、一九九六年

大山礼子ａ（一九九七）「審議手続」高橋和之編『政治過程と法（岩波講座現代の法3）』岩波書店
――ｂ（二〇〇四）「国会における議事進行の問題点」『法学セミナー』五九九号
桂寿一（一九七〇）「旧制「論理」と「虚偽論」」『アリストテレス全集』月報14、岩波書店
川崎政司（二〇〇五）「国会審議の機能と評価に関する一考察（1）」『議会政治研究』七五号
菅季治ａ（一九五〇）『人生の論理』草美社
――ｂ（一九五〇／一九九二）『語られざる真実』日本図書センター
警察庁組織犯罪対策部・暴力団対策課・企画分析課（二〇〇五）『平成十六年の暴力団情勢【確定値版】』
坂部恵（一九九七）『ヨーロッパ精神史入門――カロリング・ルネサンスの残光』岩波書店
杉田敦（二〇〇五）「わかりやすく透明な政治とは何か」『論座』二〇〇五年十一月号、朝日新聞社
高見勝利ａ（二〇〇四）「実務的観点からみた立法の公共性」長谷部恭男他編『法律から考える公共性（公共哲学一二）』東京大学出版会
――ｂ（二〇〇五）「立法の「合理性」もしくは‘Legisprudence’の可能性について」『憲法論集（樋口陽一先生古希記念）』創文社
太宰治（一九四八）「徒党について」『もの思う葦』新潮文庫
多田茂治（一九九四）『内なるシベリア体験――石原吉郎・鹿野武一・菅季治の戦後史』社会思想社
谷口功一（二〇〇〇）「「公共性」概念の哲学的基礎・序説」『国家学会雑誌』第一一四巻五・六号（のち『ショッピングモールの法哲学』白水社、二〇一五年所収）
鶴見俊輔ａ（一九五二）「二人の哲学者――デューイの場合と菅季治の場合」『不定形の思想』文藝春秋社、一九六八年
――ｂ（一九七九）「非スターリン化をめざして」『戦時期日本の精神史――一九三一～一九四五年』岩波同時代ライブラリー、一九九一年
中野重治［編著］ａ（一九四九）『中野重治国会演説集』八雲書店

――b（一九五四）「公正への誘惑」流域文学会編『中野重治戦後短篇小説集』梓書店、一九九四年
中野好夫（一九四九）「悪人礼讃」『ちくま日本文学全集　中野好夫』筑摩書房、一九九三年
長谷部恭男a（二〇〇〇）「多数決の正しさ――ルソーの一般意志とコンドルセの定理」『比較不能な価値の迷路――リベラル・デモクラシーの憲法理論』東京大学出版会
――b（二〇〇一）「討議民主主義とその敵対者たち」『法学協会雑誌』第一一八巻一二号
ハーバーマス著、河上倫逸編訳（一九九九）『法と正義のディスクルス』未來社
早川誠（二〇〇六）「分権時代における地方議会の役割」『立正大学法制研究所研究年報』第一一号
平澤是曠（一九九八）『哲学者 菅季治』すずさわ書店
ベンダサン・イザヤ（一九七一）『日本人とユダヤ人』角川文庫
宮本百合子（一九五一）「若き僚友に」『宮本百合子全集 第十六巻』新日本出版社、一九八〇年
立法学研究会（二〇〇一）「What's 立法学［第2回］「立法を分析する（1）量的推移から」」『時の法令』一六四八号

Aristotelis, *Topica et Sophistici Elenchi*, W. D. Ross, 1958, *Scriptorum Classicorum Bibliotheca Oxoniensis*（宮内璋訳「詭弁論駁論」『アリストテレス全集2』岩波書店、一九七〇年）
Edwards, M. & Hulme, D., 1996, *Beyond the Magic Bullet: NGO performance and accountability in the post-cold war world*, Kumarian Press
Elster, Jon (eds.),1998,*Deliberative Democracy*, Cambridge
Eng, Svein, 2002, 'Legislative Inflation and the Quality of Law', in Luc Wintgens eds., *Legisprudence: A New Theoretical Approach to Legislation*, Hart Publishing
Habermas, Jürgen, 1992, *Faktizität und Geltung*, Suhrkamp Verlag Frankfurt am Main（英訳：Between Facts and Norms, Polity、河上倫逸・耳野健二訳『事実性と妥当性（上・下）』未來社、二〇〇三年）
Hobbes, Thomas, 1681, *A dialogue between a philosopher & a student of the common laws of England, in The English works of*

Thomas Hobbes of Malesbury, edited and with an introduction by Joseph Cropsey, Chicago, Vol. 6, 1971（田中浩・重森臣広・新井明訳『哲学者と法学徒との対話――イングランドのコモン・ローをめぐる』岩波文庫）

Salamon, L., M., 1997, *Holding the Center: America's Nonprofit Sector at a Crossroads*（山内直人訳『ＮＰＯ最前線――岐路に立つアメリカ市民社会』岩波書店、一九九九年）

Schmitt, Carl, 1923, *Die Geistesgeschichtliche Lage des heutigen Parlamentarismus*, Dunker & Humbolt, Berlin（稲葉素之訳『現代議会主義の精神史的地位』みすず書房、二〇〇〇年）

Steiner, J., Bächtiger, A., Spörndi, M., and Steenbergen, M., 2004, *Deliberative Politics in Action: Analysing Parliamentary Discourse*, Cambridge

Waldron, Jeremy, 1999, *The Dignity of Legislation*, Cambridge（長谷部恭男・愛敬浩二・谷口功一訳『立法の復権』岩波書店）

註

（１）中野の『国会演説集』の存在については、大西巨人による当該文献の書評によって知ったが、そこに記されている「〔中野は……〕人民の敵ともいうべき諸党派の人々」を清潔に打っている。まさしく文学者の言葉で語り、たたかっている」〔大西一九四九：一七六〕という記述を読み、なおかつ、同じく大西の「政治家」に関する以下のような謬見を読み併せたことが、本章のモチーフの一つをなす。すなわち、――友人の「なにしろ、おれの子供には、国会議員とか県会議員とかの子供とは結婚してもらいたくないね」という発言に対して大西の記す、「私は〝国家ないし地方自治体の議員に関するそんな見方・考え方は、あやまりである〟と悟性的（理念的）には思ったものの、感情的（現実的）にはＮ〔＝友人〕に大いに共感した」〔大西一九八六：四七－四八〕という、あらずもがな、書かずもがなの考え。

（2）部分的核実験禁止条約の批准をめぐる意見の相違の中で党の決定に背き、一九六四年九月日本共産党より除名。その後、党批判の総括として小説『甲乙丙丁』を執筆。この小説の背景も含め、当時の共産党の内情とそれを取り巻く政治情勢をコンパクトにまとめたものとしては、章末の文献表に示された［石堂一九九一］を参照。なお、石堂もまた、一九六二年に党より除名。党側の「青史」としては、例えば［日本共産党中央委員会編一九八三］など。

（3）「rationo の名は、推論と論弁から（ab inquisitione et discrusu）得られる（トマス・アクィナス『神学大全』）」［坂部一九九七：一三六］。

（4）一九五〇年第七国会、参議院「在外同胞引揚問題に関する特別委員会」（三月十八日）、及び衆議院「考査特別委員会」（四月五日）の二つの委員会。参院委員会には上述の中野重治も委員の一人として参加。

（5）旧制高等学校の文科二～三年次生に供された科目。当時の高等学校規定では「心理及論理ハ心意ニ関スル知識ヲ得シメ思考ヲ鍛錬セシムルヲ以テ要旨トス」とされていた。桂寿一によると、「少なくとも……「心理及論理」で幅をきかしていたのは、アリストテレスいらいの形式論理で、多少の尾ひれはついていても、あまり［そこから］前進しているとは言えなかった」と言う。また、「そこで旧制「論理」というものは、要するに教えるほうにも、習うほうにもたいくつな学科」であったが、「そうした中にあって息抜きというか、一種の救いのような役割を果たしてくれたのが「虚偽論」というか「誤謬論」とか呼ばれる部分であった」とのことである［桂一九七〇：三－五］。「虚偽論・誤謬論」については、後注（8）。

（6）その著『人生の論理』冒頭の前書きは、次のような言葉から始まる。「人間のあり方、人生については、昔も今も数々の「人生論」が市場に供給されるけれど、それらは「人生の論理」を説くものではなく、かえつて「人生」から「論理」に閉め出しを食わすという意地悪さなのである」［菅一九五〇：九－一一］――このように、彼の「論理」への拘泥は通り一遍の尋常なものではない。

（7）蛇足ではあるが、以下に記す国会でのやりとりは、すべて国立国会図書館がWeb上で提供する「国会会議録検索システム」に拠っている。

（8）「虚偽論」とも呼ばれる。最も簡便には［廣松・子安・三島ほか編一九九八］中、「虚偽論」の項を参照。練習問題を解かれてみたい向きは、［Nolt and Rohatyn 1998（加地大介訳『マグロウヒル大学演習　現代論理学Ⅱ』（『例題で学ぶ現代論理学』の改題））］などを参考に。Cf 前注（5）。

(9) この点について鶴見俊輔は、次のように述べている――「要請をホープ」と公言する議員をもつことは、この人びとだけでなく、われわれ日本人にとって恥辱である［鶴見 一九五二：一〇五］。

(10) 鶴見も次のように言っている。――「ヌスムコトハワルイコトダ」という前提宣言をよみあげられ、「オマエハ、ヌスンダンジャナイカ、ヌスンダンジャナイカ、ヌスンダロウ、ヌスンダニチガイナイトオモウガネ、ヌスンダンデショウ、ヌスンダンダロウ」と言われているようなものだ。［鶴見一九五二：一〇四］

(11) 事物の一部分あるいは複数の部分を、事物全体に帰することによって生じる非妥当な推論。このような誤謬が発生するのは、用いられているものが「集合的な概念（共産主義者、天皇制反対論者）」だからであり、逆に言うなら、用いられている概念が「集合的」でないなら、これは正しい推論であり得る。

(12) 原語ではDeliberative Democracyとして示される対象は、論者の訳語選択によって「討議民主主義」とも訳されるが、本論では、Deliberationの語に含意される時間的ファクターを重視し、「熟議民主政」と訳すこととする。

(13) 参加（妨害の有／無）＝（〇／一）と云った形で、正当化レベル（無／劣／良／洗練）、正当化理由（部分集団利益／中立／功利主義ｏｒ格差原理）、非抑圧集団への敬意・共感の表明（無視／中立／肯定的対応）……などの計七項目について項目ごとに点数化し、上記ＤＱＩを測定・評価している。

(14) ここで挙げられたＤＱＩの簡明な紹介も含み、なおかつわが国において、こと地方議会に関する規範的分析を行った大変興味深い論攷としては［早川二〇〇六］を参照されたい。

(15) 引用は、参議院法制局第三部第一課長（執筆時）によるもの。また大山礼子（元国立国会図書館調査及び立法考査局）は、そもそも審議内容自体をcanalizeする「議事進行」もまた、その実態を知られていないことを指摘している［大山 二〇〇四：二二］。いずれにしても、われわれは立法（過程）についていまだ多くを知っているとは言えないようである。なお、蛇足ではあるが、「審議」は本会議でのそれを指し、委員会におけるものは「審査」と呼ばれる。本章でクローズアップした菅季治のエピソードは、既に示した通り、「委員会」におけるものだが、行論中での検討対象は、これら「審議・審査」を包含した広い文脈におけるものと了解されたい。

(16) 文字通り、議論の際に対象となる領域を意味する論理学上の用語。［野矢一九九四］などを参照。

(17) 各法律案の後に附された括弧内の数字は成立数。

(18) 以上、参議院公式サイトの立法情報「議案」の項より、手計算で算出。

(19) 通常国会（常会）の会期は、百五十日間と定められている［国会法第一〇条］。この日数（二百一日）は延長の議決を受けてのものである［同法第一二条］。

(20) 以上は我が国における立法の量的推移に関するものである。国外の例としては、少し古いものになるが、ポーランドのSylwester Zawadzkiによる、内藤光博訳（一九八九）「立法インフレーションと規範の発展」『専修法学論集』第四九号、などを参照。余談ではあるが、このような立法の量的増大に反比例する形で、審議時間が逓減していることについての分析を行ったものとして、［大山ａ］を参照。

(21) 本パラグラフ以降の議論の展開については、［谷口：第六章］を参照。

(22) 以下のような誤解を招きやすい記述。――「討議理論は、一方で議会における審議という制度化されたかたちで、また他方で政治的公共圏のコミュニケーション・ネットワーク上で遂行される了解プロセスがもつ、広次の間主観性を考慮に入れている。このような……議会の内外における、主体なきコミュニケーションは、全社会的に重要なテーマや規律を要する題材に関して、多かれ少なかれ合理的な意見および意思形成が行われる場を作るのである。インフォーマルな意見形成が、制度化された選択決定および立法の議決に流れ込む［ハーバーマス著、河上倫逸編訳：一四二］」。――「流れ込まない」場合は？

(23) このような「自発的諸結社」としては、NPO／NGOなどが想起されるが、これらに関しては、民主的答責性（cf. accountability）などの諸点で少なからぬ問題点が指摘されている。かかる諸問題点については、紙幅の制限もあるので、［Salamon 1997］、［Edwards and Hulme 1996］などに譲る。

(24) ［警察庁組織犯罪対策部・暴力団対策課・企画分析課二〇〇五：一七、二七］、及び「特定非営利活動法人からの暴力団排除対策の推進について（警察量丙暴一発三号、平成十五年四月九日）」にも示されている通り、暴力団構成員の統制下にあるNPO法人が少なからず存在していた（いる）ため、所謂NPO法が改正された経緯がある（平成十五年施行）。この他にも、具体的には、Shakty pat Guru Foundation（「定説です」の「ライフスペース事件」を想起せよ）が設立申請するも不認証だった未遂ケースや、似非同和団体のNPO（出資法違反）、テレクラを営むNPO、し尿を不法処理するNPO（廃棄物処理法違反）などの団体が「特定非営利活動法人」として存在するなどしていた。以上は、オンライン・ジャーナル“Social Innovation”に連載された澤村明（新潟大学経済学部）の論文「こんなNPOって、あり？（1）～（5）」に負う。また、同じく澤村によると、海外におけるNPO／NGOの不正について論じた数少ないものの一つとして、ISTRの機関誌に掲載された以下の論文が挙げられている［Gibelman and Gelman 2001］。――むろん、NPO／NGOのすべてが如上に尽くされるものではなく、より積極的かつ包括的な分析は、例えば［田中二〇〇五］などに見出されるが、本章では〝あえて〟、その消極的側面に注意を喚起している点に留意されたい。

(25)「NPO」もまた「マジック・ワード」である点についての極めて興味深い実例として、以下。――能登半島に、この数年、よくお邪魔させていただくお宅がある。この家に一人でお住まいの松田正喜さん（八五）は、毎日仏壇に手をあわせることを重要な日課としている。先日、このお宅を訪問させていただいた折、私は壁に貼られた一枚の紙に、目が釘付けになった。そこには一言、こう書かれていた。「NPO」この唐突さに私は彼女がどういう意図でこの言葉を貼ったのか理解しかねた。私がそのことを尋ねると、彼女は少しはにかみながら答えた。「詳しい意味はよくわからんけど、みなさんに奉仕をしなさいという意味だと何かで読んだもんで、その気持ちを大切にしようと思って……」彼女にとって、NPOがNon Profit Organization（非営利組織）の略であることなど、どうでもよいに違いなかった。一人の真宗門徒として静かに毎日を送る彼女にとって、このNPOという「得体の知れない文字列」は、他者への奉仕の精神を想起させ、新たな生きる活力を与えてくれる存在だったのだろう（――）。（毎日新聞二〇〇六年四月八日夕刊、中島岳志「NPO」）

(26)この点に関する包括的かつ執拗な基礎付け、つまり「公共性」の概念自体に「箍を嵌める」作業は、［谷口二〇〇〇］において既に行っているので、そちらを参照されたい。

(27)この点、Star Trek（Next Generationであったと記憶する）の登場人物、ジャン＝リュック＝ピカード艦長は中々に含蓄に富むことを言っている。以下、胡乱な記憶の糸を辿った話ではあるが、――ある時ピカードは次の星系までの到達時間をアンドロイドのデータ少佐に尋ねたところ、データはコンマ以下数桁秒までの「正確な」航行時間を即答した。これに対してピカードは苦笑しながら、次のように言う。「人間というものは、ものごとをあまりにも正確に述べられると不快になるのだよ」と。人間の「感情」を学習しようと努力するデータ少佐ともども一聴に値する話ではある。

(28)この文脈では、ある主張が最も説得力を持つような最善の解釈の光の下に照らす、と云った意味と理解されたい。より厳密には、［Hacking1975：邦訳一三二―一三六］あたりを参照。

(29) 以下、『新・国会事典』よりの記述。——「討論とは、議題となっている案件が表決に付される前に、これに対して自己の賛否の意見を表明することをいう。討論は、質疑の終了後に行われる。本会議における討論についてはその旨の明文の定めがあるが、［衆規一一八条、参規一一三条］、委員会における討論も、質疑が終了した後に行われるのが例である」［浅野・河野編二〇〇三：一三二］。……「「質疑」は、議題に対して疑義をただす行為であるが、議題と関連のある事項について質疑することもできる。質疑は口頭でなされる。本会議における質疑は、質疑が数項目にわたる場合でも、まず全部を述べ、答弁者がこれに答える形式をとっている。本会議における質疑にあたっては、討論にわたるような意見をのべることは許されず、同一の議題について三回を超えることは出来ない［衆規四五条項、参規四二条一項］」［浅野・河野編二〇〇三：一五七－五八］。

(30) 高見勝利による以下のような興味深い記述を参照。——議会の「議論」との関係で語られる「討議民主主義」とか「熟議民主主義」とかには、ʻparliamentʼ という言葉、その語源であるフランス語の ʻparlerʼ ないし中世ラテン語の ʻparliamentumʼ に対する過剰な思い入れ、入れ込みがあるのではないか。ラテン語の ʻparliamentumʼ という言葉は、そもそも、修道院の回廊中庭で、修道士たちが催した正餐のあとの会話について用いられたものである。そして、十三世紀の修道院規則は、この会話を「はしたないものだ」として非難している［高見二〇〇四：三一］。

(31) イザヤ・ベンダサン名で書かれた、このサンヘドリン及び聖書解釈については、その方面（聖書学、ユダヤ研究？）で事実誤認等の批判がなされている、と仄聞するが、ここで取り挙げた「サンヘドリンの掟」に関する下りは、あくまで問題への導入の〝エピソード〟である点、留意されたい。

(32) この点、London School of Economics の Rodney Barker 教授から引用を許諾いただいた draft 段階での原稿 ʻThe Plural Paths of British Pluralismʼ——特にその脚注（43）に負うことを謝して記しておく。

(33)「徒党は、政治である」という書き出しから始まる小文「徒党について」において、太宰は、まず「孤高」を「昔から下手なお世辞の言葉として使い古され、そのお世辞を奉られている人にお目にかかってみると、ただいやな人間……「孤高」の人は、やたらと口をゆがめて「群」をののしる。……ただ「群」をののしり、己の所謂「孤高」を誇る……孤独ということは、あり得るかもしれない。いや、むしろ「孤低」の人にこそ多いように思われる。」と言いおきつつ、最終的には、「最も苦痛なのは、「徒党」の一味の馬鹿らしいものを馬鹿らしいとも言えず、かえって賞賛を送らなければならない義務の負担である。……じつは、最も憎悪しているものは、その同じ「徒党」の中に居る人間なのである。かえって、内心、頼りにしている人間は、自分の「徒党」の敵手の中に居るものである。」と言い募るもので、一読感心するが、実のところ分かったのだか分からないのだか……、というやや胡乱な話ではあるのだが。

（34）無論、これは物事の一面であって、この点に関する、よりバランスの取れた見解としては、特に［杉田二〇〇五］。また、そこに示された傾聴に値する以下のような見解。——議会はいつまでも議論ばかりで、一向に物事を前に進めない、という苛立ちはわかります。そういう中で、直接に、しかも即時に政治をもっとわかりやすいものにしたい、という願望が強まるのも理解できます。しかし、実際には、私たちの社会のような複雑なものを、白か黒かといった二元論で斬るのは難しいし、単純な操作によって動かすことは出来ません。政治がマンガのように面白くなく、わかりやすくないとしても、仕方がないことなのです［杉田 二〇〇五：五七］。

（35）長谷部恭男による以下の簡明な解説を参照。——「ある集団のメンバーが二つの選択肢のうち正しい方を選ぶ確率が平均して二分の一より大きく、かつ各メンバーが独立に投票をするならば、その集団が多数決によって正しい答えに到達する確率はメンバーの数が増すにつれて増大し、極限的には一に近づく。もし、メンバーが正しい答えを選ぶ確率が平均して二分の一未満であれば、メンバーの数が増すにつれて多数決によって正しい答えに到達する確率は〇に近づく」［長谷部二〇〇〇：八九］。

（36）「一人一人で考えれば、各人は一人の最善の人よりも劣るけれども、集団的な討議が可能な集団として考える場合には、人民はより優れ、より賢明で、より有能な決定をすることができる」［Waldron 1999: 邦訳 一一七］。

（37）あるいは、〝何ごとをも自由に論ぜよ、而して服従せよ〟という啓蒙専制君主風のメッセージであるとか。

（38）ほとんどの場合において、「国会答弁のような」は pejorative、自嘲的に用いられているが、その反面で第六六代三木武夫内閣の建設大臣であった仮谷忠男・衆議院議員が、青森県連の主催のパーティーの席上、「〝国会答弁のようないいかげんなことは言わない〟と、こう力を込めて発言した」ことを以て、「国会軽視、不謹慎・議会制民主主義のルールを踏み外した」と糾弾され、閣僚の辞任勧告、もしくは罷免を求められた舌禍事件も存在する。［第七六国会、議院運営委員会（昭和五十年十月十七日）の安永英雄発言を参照］——このような立法者の引き裂かれた自画像。

（39）また、文学者も立法者に対し、さしたる優越者ではない。最冒頭に登場した文学者でもある中野重治は、既に注（4）でも触れた通り、実のところ参議院での菅の喚問に臨席し、あまつさえ菅自身に対する質疑をも行っていたのだが、結局、中野はそこで、なにを言っていたのか。参院当該委員会での中野の発言を読む限りでは、本筋に関係のないいささかイデオロギーシュな質問ばかりをしており、複数回にわたって司会役の委員長に注意を受けるなど、とてもではないが彼自身の麗語（問題がただしく説明されさえすれば、）には見合わぬ発言のみしか見出されない。また、残念ながら、菅季治の国会喚問を主題として書かれたエッセイ「公正への誘惑」（中野重治、一九五四年）にも実質何ら書いていないに等しい（単なる感傷のみ）。

(40) ここで謂う「文法」「悪人」「計算」の内実については、当然に、より詳細な考究の行われるべき所ではあるが、それは、本章においては（紙幅の制限上）措くこととし、他稿において「規範企業家（norm entrepreneur）」という視角の下、議論を展開することとしたい。

第三章　ミル・代議制・中国

一　序

本章は、ジョン・スチュアート・ミルの著作『代議制統治論（*Considerations on Representative Government*）』（一八六一年）を手がかりに、「立法」を下支えする「代議制」についていくばくかの考察を試み、また、そこからのいささか連想を逞しくした形での議論を試行するものである。以下では、「代議制」そのものに関するミルの議論とその検討へと立ち入る前に、まずは、思想家ミル自身の人となりについて、若干の紙幅を費やしておくこととしたい[1]。

周知の通り、ミルは一八〇六年から一八七三年までの六十七年間をイギリスで生きた思想家であり、本章の中心的な検討対象たる『代議制統治論』は、彼が五十五歳の時の著作である。ミルは、その父ジェイムズと同様、一八二三年から三十年近くのあいだ東インド会社に勤務し、最終的には通信審査部長という要職を占めるに至ったが、この間『論理学体系』や『経済学原理』などの著作も執筆している。

また、ミルは上述の東インド会社退職後、一八六五年に「急進主義のメッカ」としてベンサムや父ジェイムズともゆかりの深かったウェストミンスター選挙区の有志からの要望に応じる形で総選挙に立候補しているが、彼は立候補に際して、次のような四つの条件を提示したという。「第一に当選しても地方的利害のためには働かないこと、第二に当選後も今まで発表した意見を主張し党議に拘束されないこと、第三に自分では選挙運動しないこと、第四に選挙費用を一銭たりとも自分のポケットから支払わないこと」である。これに対しては、当時においても「全能の神でもそのような条件での当選は難しい」とさえ評されたが（当然であり啞然である……）、開票の結果、ミルは七百票差での当選を勝ち取った。『代議制統治論』の著者は以上のような経緯から、一八六八年に落選するまでの三年間、ともかくも、現実の「立法者」としての地位を占めていたわけである。

＊＊＊

従来、ミルに関する研究の多くは『自由論』（一八五九年）に関する検討を中心とするものであり、『代議制統治論』に関する研究は前者と比べるなら、それほど多いとは言えないようである。[2] 実際、ミル研究の大家・スコラプスキが最近刊行した啓蒙的著作『なぜ今ミルを読むのか？』の中でも、『功利性原理』（一八五九年）と『自由論』の二冊が、主要な検討対象として措定されており、そこで専ら「道徳哲学（moral philosophy）」の側面からのミル読解が目指されていることが見て取られ、ミルの「政治思想」については、ごく限られた紙幅が割かれているに過ぎない。その中で本章の主題であるミルの「代議制」について直接的に触れた部分は僅かであるが、全五章構成のうちの第四章第四節「デモクラシー」の項では、以下のような議論が展開されているのを見て取ることができる。

スコラプスキの整理に沿った形でミルの議論を見てみるなら、それは以下のような形で描き出される。すなわち、ミルの政治思想の中には、われわれが通常、リベラル・デモクラシーと考えるものと両立し得るものと、そうでないものとが混在している。例えば「分権化や比例代表制、女性の権利拡張」などは、今日のわれわれの目からも、さほど問題なく受け入れられるものであるが、「秘密投票の禁止や複数投票制」、あるいは教育程度や担税能力に従って投票権を制限することを主張している点などは容易に受け容れられるものではないだろう。これらの点でミルは、「エリート主義者(elitist)」的色彩を有していたと言える。――スコラプスキによるなら、このようなミルのエリート主義は、第一に、専門的スキルに関わるものであり、また第二に、道徳的・文化的な面での卓越性(moral and cultural distinction)に関わるものであった。

第一点目の「専門性」に関して、ミルは行政の「執行(execution)」や法案作成などの業務には能力と専門的知識が必要なので、このような業務は民主的に選出された代表たちから構成される「衆議体(assembly)」によって直接行われてはならないとした。つまり、議会の任務は、政策を決定し、その執行をコントロールする点に存するのであって、「執行そのもの」を行ってはならないのである。議会は、専門家によって特別に構成された「委員会(commission)」に指示して自らの望む方向での法案の作成を行わせることはできるが(後述の立法委員会)、そのようにして作成された法案を自らの手で修正することは許されず、法案が気に入らない場合は委員会に差し戻すことができるにとどまる。

第二点目の「道徳的・文化的な卓越性」は、道徳的・文化的領域における「独創性(creativiry)」の問題として理解することができる。以下は『自由論』において記述された論点と関わる議論なのだが、これらの領域における独創的な企ての遂行は、「少数者の領分（the province of the few）」に属するものであり、そこで確保されなければならない条件とは、彼ら少数者をして自由にみずからの企てを遂行させ、また、人びとをして、それに従うよう説得することなのである［Skorupski 2006：86-87］。ミルによるなら、独創性とは、少数の個人のみから生み出されるものであり、「これらの少数者こそが地の塩なのであり、彼らなしには人類の生活は淀んだ淵と化し……天才たちは、自由な雰囲気の中でだけ自由に呼吸することができる」のである。ここでの主張の力点は、「単独もしくは少数」の者が、彼ら自身のイニシアチヴをもって残余の者たちを強制する力を持ち得る、という点に存する［ibid.：54］。

しかしながら、上述のような状況の中での政治的な「決定（decision）」は、「公益の追求や、集合的責務の決定、そして利害の紛糾をめぐる裁定」などに関わるものなのであるから、そこで究極的に必要とされるのは、単なる技術的な専門性などではなく、「徳と知性（virtue and intelligence）」なのだということとなる。この点、ミルは卒然、根源的な平等論者（egalitarian）としての姿を立ち現わす。すなわち、彼は「すべての人は市民的責務を責任ある形で担う能力がある」と考えており、そうであるからこそ、投票は「公開」のものでなければならないとまで言い募るのである。なんとなれば、彼において、投票権の行使は「私権の行使」ではなく、「公的な信託（trust）」の行使なのであるから。

とはいうものの、ここでは再びエリート主義的な留保が付されなければならないこととなる。すなわち、市民の教育程度が低劣なものである限りは、より高い教育を受けた者が、より大きな政治的影響力を行使すべきであるとミルは考えるのである。ここには、デモクラシーに内在する「同調化」と「凡庸化」の傾向性に対するミルの切迫した懸念を看取することができるだろう［ibid.：87-88］。

ミルによるなら、一般に、最良の統治形態というのは、人びとを最もよく向上させるものであるが、デモクラシーは十分に発展した段階にある人びとをさらに向上させるという、その一点においてのみ「最良のもの」なのである。ミルは、人びとを向上させるために国家は「積極的な関与」を行うべきであると考えていたが、それは「統治形態」が卓越したものであるためには、「人民自身の徳と知性を向上させること」が最も重要であるとした彼の主張の中に見出すことができる［水田訳『代議制統治論』：五〇―五一］。

そして、「ある国民が民主的な自己統治が可能であるような段階にまで達してはいない場合、その最良の統治形態は、自己統治可能な段階へと献身的に国民を導く慈悲深い専制（autocracy）」［同：八九］なのである［Skorupski 2006：88-89］。

繰り返しになるが、ミルにおいて「徳と知性」の教育（＝陶冶）は、「代議制統治」にとっての必須の条件である。そこでは、「徳と知性」が代議制という制度によって「政治」へと媒介されるだけでなく、逆に、この制度そのものが「徳と知性」を養うという一種の循環的回路が構築されなければならない。そうして、市民の公共的役務への参加それ自体が「公共精神の学校」を形づくり、市民の一人ひとりが自らを公衆（public）の一員であると感じるようになるのだ。人びとは、このようにして、「公衆の利害」を「自らの利害」であると感じるようになる［早川二〇一〇：一六六］。

したがって、ミルの「理想の政体」は、「国民全体が参加する統治」でなければならず、そこでは

「最小の公共的職務」であっても有益であり、そのような形での「参加」は「共同社会の改良」のためなら、できる限り拡大されるべきなのである。そして、究極的には「すべての人びとに国家の主権の分担を許すこと」が目指されることとなる〔水田訳：九七―九八〕。

ただし、上のくだりに直ちに引き続く形で「単一の都市を超えた共同体において、公共の業務のうちの若干のきわめて小さな部分にしか、すべての人が自分で参加することはできない」〔同：九六―九八〕という留保条件が付されており、これによって、ミルの参加主義的デモクラシー論は「直接民主制」へとは向かわず、「代議制」へと収斂してゆくこととなるのである〔早川二〇一〇：一六六〕。

ここまでの議論をまとめるなら、ミルの中には「エリート主義」と「平等論」という二つの相容れない志向性が存在し、一定の事柄（専門性や文化的道徳的卓越性に関わるもの）に関しては強度のエリート主義を取りながらも、他方、統治の全般を下支えするのは「すべての人」であるという大前提が採られているのである。ここでは、ミルの中に、根源的な平等論にコミットしたデモクラシーの擁護者としての側面とエリート主義的な人格完成論者の二つの側面が同居しつつ、それらの間での小さからぬ振幅が存在しているのを見て取ることができるだろう。

二　《切断》の政治思想として

早川誠（政治学）は、以上のようなミルの政治思想を考察するにあたり、極めて興味深い視点を提供しているのを見て取ることができる。すなわち、《つながり》と《切断》という視点である。早川は、「近代以降の政治を考えるにあたっての一つの特徴」として、「身分制社会の中で所与とされた人びとのつながりから個人を解放し、その個人を出発点として新たな《つながり》を創造してゆこうとする態度」を挙げる（典型的には、社会契約論）。現代デモクラシー論の代表的論者であるロバート・ダールが提唱する「ポリアーキー」概念もまた、この《つながり》に関わるものであり、そこでは「包括性すなわち参政権を持つという形で人びとが政治へのつながりを持っているかどうか」が、デモクラシーを実現する鍵となっている〔早川二〇一〇：一五六〕。

しかし、「首相公選制への期待の高まり」などにも見られるように、必ずしもすべての人びとの民意を代表し得ない「代表制」に対しては、「政治的なつながりを断つものである」といった形での批判が向けられることとなる。しかし、これに対して、早川は次のような疑問を提示する。

> 代表制民主主義とは、民意を反映させる仕組みに尽きるものだろうか。たとえば、代表制によって選出される政治家には一般の有権者には要求されない政治的リーダーシップが必要とされる。これは、代表制の思想が単につながりを生み出すことを目的としているだけではなく、自覚的な「切断」によって何らかの差異や区別をつくりだそうとしていることを示唆していないだろうか。〔同：一六二〕

これに対する早川の回答は、代表制が単純に民意の反映のみを目指したものではないのではないか、という指摘から始まり、時として暴走することもある民意への懸念があるからこそ、代表制は、民意の横溢する「社会」を「政治」へとダイレクトに接続するのではなく、むしろ、「政治」を「社会」から切り離すことによって、先の「懸念」に対する「予防線」を張ったのではないか、と応じるのである。

このような「代表制」理解を前提とした上で、早川は、「私たちは民主主義をつながるための手段のみではなく、つながらないための手段でもある、矛盾をはらんだ制度として了解してきたのではなかっただろうか」と締めくくるのだが、ここにおいては、「代議制」そのものが「切断の政治思想」を表現したものとして捉えられていることが看取される［同：一六二、強調原文］。

さらに早川は、ミルの中にも《切断》の契機を見て取るのだが、その積極的な契機は、次のようなものとして説明される。すなわち、ミルにとっての議会とは、「つながった民意の反映ではなく、民意が分裂していることの反映」でなくてはならなかった。例えば、《つながり》によって生じかねない偏狭な立法の実現（階級立法）を防ぐため、「制度的な政治の場を意識的に切断すること」が、ミルにおける「比例代表」制導入の動機だったわけである［同：一六七］。

ミルの代議制論においては、「《つながり》が討論と説得をもたらし、そこから意志決定が導かれるのではなく、逆に、分裂があるからこそ、討論と説得が可能となり、そこでこそ、有権者の「徳と知性」が養われることとなる」のである。「民主主義の学校」は、直接民主制によってではなく、むしろ代議制民主主義によって用意されることとなる［同：一六八］。

早川は、以上のようなモチーフを裏書きするミルの具体的構想として、市民の政治的な能力に応じた「複数投票権」や「比例代表制」を挙げるが、本章では、そこでは触れられていない「立法委員会」

や「第二院」に関する構想、そして、「徳と知性」などの問題に着目し、それらに現れた、ミルにおける《切断》の契機を観察することにしてみたい。以下では、これらの《切断》の契機を、三つの切断面に分け、それぞれ見てゆくことにしよう。

第一切断面――「立法委員会」

まず、「立法委員会」についてであるが、ミルは「立法の業務」について次のように述べている。

> 多数の人びとからなる合議体は、直接の行政業務に対してと同じように、直接の立法業務に対しては適していない。知的な仕事のうちで立法の業務ほど、経験と訓練を重ねた精神によってだけでなく、長期の勤勉な研究を通じてその任務に習熟した精神によって、なされなければならないものはない。なぜ立法業務が、きわめて少数の人びとからなる委員会によってしか、うまくなされえないかということについて、ほかに理由はなくても、これだけで十分な理由なのである。「水田訳：一三二」

立法委員会は「知性」の要素を体現し、議会は「意志」の要素を代表する。この委員たちは、国王によって任命され、個人的な非行や両院からの解任請求がない限りは、一定の期間（例えば五年間）、その職を保持する。この任期が終了したら、再任されない限り委員は辞任すべきとされる。なぜなら、そうすることで、この委員職にふさわしくない人間を除去し、より適切な新たなメンバーを補充することができるようになるからである（同：一三六）。

既に触れた通り、ミルにおいては、統治業務の「監督」と「執行」とのあいだには根本的な区別が存在し、前者の役割は議会が、そして、後者の役割は公正な試験によって選ばれた官吏が担うべきであるとされている。それは、ミルが「専門的知識に乏しい議員たちによる議会での法案審議が、いたずらな遅延を招いている」と考えたからであり、したがって、実際の立法作業は、かかる作業に熟達した委員からなる小委員会においてなされるのが望ましいということになるわけである［天野二〇〇八：一〇八］。

この点、天野嘉子（日本法制史）によるなら、『代議制統治論』は、単に「議会の自由な活動を鼓舞する書」などではない。井上毅が大日本帝国憲法の法案提出権について規定する第三八条及び第四〇条を起草する際、ミルのこの著作を参照しているのは、その証左といっても過言ではない。すなわち、井上をはじめとする起草者たちがミルの著作に求めたのは、政務の「監督」と「執行」とを峻別するための論拠であり、これは「公選議会へのきわめて強い不信のもと、専門的知識に通暁した官僚の集合する組織において主導的に立案を行い、その後に議会での議定に付すことこそが望ましい」と考えていたからに他ならない。フランスの「コンセイユ・デタ」に倣った井上の「参事院」構想は、まさにこのような考えに沿ったものだったわけであるが、そこでは単に「熱意ある法制官僚に活躍の場を提供することが企図された」だけでなく、「議会とりわけ民選議院に対する政府機関の優越性の保持」が構想されていたのである。以上は、『代議制統治論』に内在する「切断」の契機が、歴史上、意識的かつ明白に実践に適用された事例として挙げておくことができるだろう［同：一〇七］。

第二切断面――「第二院」

次に「第二院」については、以下のような議論がなされているのを見て取ることができる。すなわち、「両院を持つべきである」という際、最もしばしばなされる議論としては、「軽率さを防ぎ、再度の考慮を強いるため」という主張が思い浮かぶが、ミルはこのような論拠には重きを置かない。彼が二院制にすべきと考える際の最も有力な論拠は次のようなものである――すなわち、問題なのは「個人であれ、合議体であれ、権力の保持者の精神に、自分たちだけに相談すべきであるとの意識が与える悪影響である。重要なのは、ほかの誰の同意も求めずに、一時的であっても彼らが意志のままに支配することが出来てはならないということ」なのである。さらに続けるなら、「単一の合議体における多数派は、それが永続的性格を帯びたときには、国家構造上の別の権力によって自分たちの行動が同意されるかどうかを考慮する必要がなければ、専制的で傲慢になりやすい」のである［水田訳：三一二］。

その上で、第二院の構成として、ミルは次のような提案を行っている。「一方が人民の議院ならば、他方は政治家たちの議院、つまり何か重要な政治的地位や職務を経験した現存のあらゆる公人から構成される議会とすべき」であり、「このような機関の基礎となり得る最良のものはローマの元老院に例証された原理である。一般公共を代表する民主主義的合議体の持つ種々の欠陥は、公共自身の欠陥、すなわち特別の訓練と知識の欠如である。その適切な矯正策は、特別の訓練と知識を特徴とする機関を、その合議体に結びつけること」なのであると［同：三一六］。

このような意味での元老院の構成員の候補としては、立法委員会の委員たちや上級裁判所の長（いずれも元職を含む）、五年間陪席判事の職にあった者、内閣の職に二年以上就いたことのある者などが挙げられる。これに加えて、司令長官の職にあった人、軍隊または艦隊を指揮して陸海の作戦に成功したため国会から感謝された人、インドまたはイギリス領アメリカの総督であった人、十年間どこかの植民地総督の地位を保持した人、正規の官僚の中では、大蔵事務次官、国務事務次官、またはこれらと同等の高級官僚として十年間勤務したことのあるものなども挙げられており、つまり、ここで「元老院」のメンバーとしての資格を持ち得る範囲（＝尊厳を与えられる職務）は、「法律的、政治的、陸海の軍事的な性格を持つものに限られるべき」なのである(3)［同：三一六］。

＊＊＊

このような第二院のメンバーシップに関しては、様々な論点が存在しているが、例えば現在の日本の第二院たる参議院のメンバーシップに関しては、福元健太郎（政治学）によって、概略、以下のような議論がなされていることが参照される。

福元は、基本的に参院の存在理由を否認するのだが、その際の大きな問題提起として「参院は（衆院に較べて）本当にシニアなのか？」という問いを投げかけている。福元は、戦後、貴族院を現在の参議院へと転換させる際の制度設計にあたって、「シニアな人物」つまり、「総意完熟の士」、「練達堪能で、しかも厳正公平な人」、「学識経験のある者」、「上品な者」、「分別と経験」を有する者――このような人びとによって参議院を構成することで、衆議院とは「質的に異なった院」が構想された点に注目する[4]［福元二〇〇七：五六］。

その上で、福元は、歴代の衆参両院議員三千二百五十人の個別属性（学歴・知的専門職・在職年数・年齢）や審議への参画状況を比較対照することで、上記のような設計構想の通りに制度が作動しているのか否かを検証している。

その結果、「良識の府」もしくは「理性の府」とされた参院議員の方が、「①年齢はシニアだが、②両院の党派別構成などの違いを考慮してもなお、学歴は低く、③知的専門性も医師や大学教授出身は衆議院より多いが、法曹界出身は少なく、学識経験者が衆議院に比べて多いとは必ずしも言えない。また、同一法案の審査回数や修正などの審議においても衆参両院に大きな違いは見られず、現状では、衆議院とは異なる立場と視点が十分に示されているとは言えない」［小林二〇〇七］と結論づけている。

第三切断面――「徳と知性」

最後の切断面である「徳と知性」についてであるが、この問題については「自由と陶冶」という視角を設定し、そこから出発する形での議論を展開することにしたい。ポイントは、冒頭でも述べた通り「自由原理」の唱道者であるミルが、他方では「陶冶」の必要性を執拗に説いていた点であり、ここでは、ミルにおいて「自由」と「陶冶」という、一見すると容易には混じり合わないように思われるアイデアが、どのように調整させられるのか、あるいはそうならないのか、ということがクローズアップされることとなる。

既に述べた通り、ミルは、少数のエリートだけでなく「すべての人びと」の知的・道徳的陶冶に対しても、強い関心を持っていたわけであるが、この点に関しては、関口正司（政治思想史）による「自由と陶冶」という観点からの議論が参照される〔関口一九八九：第五章〕。

ミルにおいて、「自由」を享受するためには一定の「陶冶」が必要とされるのだが、この「陶冶」には二つの種類が存在する。すなわち、第一の陶冶は、自由原理を適用する前提そのものとしての「文明化した社会にとって不可欠な自己規律的精神の陶冶」[5]であり、第二の陶冶は、「画一的傾向を強めつつある文明社会で、自覚的に自由であろうとする精神」の陶冶なのである〔同：三八一〕。

これらは、『自由論』における「個性（individuality）」に関する議論とも関連している。ミルにとって「個性的」であるということは「自発的に選択をする」ことを意味するが、それはさらに敷衍するなら、「ある行為や生活様式を、それが一般的慣習であるからという理由で選択するのではなく、自分自身の願望と判断に基づいて選択する人間、そのようにして自由を志向することができること」を含意しており、それは「習慣に埋没し自ら積極的に自由であろうとしない民衆の状態」とは対照的なものとして措定されることとなる。ミルの「個性」観は「欲求と衝動が自分自身のものである人」という記述によく表されているが、このような人物像は、さらに「自分自身の陶冶によって発展させられ修正されたものとしての本性を表現する欲求や衝動を持つ人」とも言い換えられており、そこには個性的・自発的であることは、ある種の「陶冶」を前提とする、という考え方が示されているのである〔同：三八一―三八四〕。

しかし、ここでの大きな疑問は、ミルが言うような「陶冶」を政治的に望ましいものとして社会の各構成員に要請することは、『自由論』で提唱されていた「自由原理」とは矛盾しないのだろうかという点である。『自由論』では、ある人にその人自身の知的・道徳的陶治の必要があるからといって陶治を強制することは自由原理に反する、とミルは主張していたはずである〔同：四四四―四四五〕。

以上のような議論からも察せられるように、ここには「二人のミル」が存在している。ヒンメルファーブは、このような状況に関して「二人のミル」問題という視角を提供しているが、小田川大典（政治思想史）は、これを近年の共和主義的ミル理解に引きつけて検討している。そこでは二人のミルが、それぞれに「リベラルな理想」と「シヴィックな理想」を持つものとして描き出されているのである〔小田川二〇〇三：三〇〕。

では、ミルにおける「シヴィックな理想」の構成（＝ミルの共和主義）とは、どのようなものなのだろうか。ミルは、国民の一般的特徴として、劣悪な境遇に対して容易に屈服する「受動的性格」を措定し、そのような国民が、「物理的利害関心と私生活に埋没すること」を危惧したのだが、このような性格の蔓延には、どのように対処すべきなのだろうか。小田川によるなら、この問いに対するミル自身の解答は「感情を養うのは、行為（action）である」というものである。すなわち、「私人としての市民」が、「まれにであっても公共的職務に参加すること」を通じて「活動的な性格」を体得しない限り、「受動的性格」の蔓延は阻止できないのである。ここでは「私人としての市民」に公共活動への従事を義務づけることが持ち得る政治教育上の意義が強調されることとなる〔同：二三二〕。

＊＊＊

実のところ、以上のような「陶冶」や「徳」の問題について考えるにあたっては、東アジア政治思想の蓄積に大きなヒントを求めることができるのではないかと思われる（cf.［谷口二〇一〇］）。ミルのエリート論には、後段でも改めて申し述べているように一種の「隔靴掻痒」的なところもあるので、次節では、上記のような「蓄積」に触れる形で、幾分、身も蓋もない議論を、冒頭でも申し述べたように、いささか連想を逞しくしつつ展開することにしてみたい。

三　ミルから中国へ

ある種の「隔靴掻痒」感

『代議制統治論』の中で、ミルは「東洋人」に対して次のような品評を行っている。すなわち、「全人類のうちでもっとも嫉妬心の強いのは東洋人である。東洋の道徳学者、東洋の物語においては、嫉妬心の強い人が、とくに顕著にあらわれてくる」と［水田訳：八八］。また、同書の中では、中国の専制政治について、それが「国民を文明化して、彼らが実際に達成した点にまで高めるための、きわめて適切な手段であった」ことは認めつつ、かかる到達点以降、「精神的自由と個性の欠如のために、永遠の停止状態に持ち込まれてしまった」とも記している［同：六四］。

現在の中国もまた、上述のような「永遠の停止状態」のままであるのか否かも含め、本節では、前段から繰り越された「陶冶」如何に連なる「徳」の問題を、東アジアの政治思想の蓄積と現代中国の状況に引き寄せた形で、改めて行論を進めてゆくこととしたい。

さて、「徳」や「陶冶」の問題は、現代においては主として「共和主義（Repubulicanism）」の文脈で論じられているのを見て取ることができるものの、そこでの議論には一種の「隔靴搔痒」感があるようにも感じられる。この「もどかしさ」は、とどのつまり、「徳」とか「陶冶」の問題が、突き詰めるなら「人間の優劣」という極めてセンシティヴな問題にぶち当たらざるを得ないものであり、また、近代以降の真っ当（deccent）な政治思想が、この類の事柄を真正面からゴリゴリと扱う「思惟の体系」のみならず、「ボキャブラリー」そのものをさえ有していないことに由来するようにも思われるのである。

また、これとは別個の問題として、既に他のところでも論じたことなのではあるが、例えば「公民的徳性（civic virtue）」といった形で表現される現代共和主義の中核的概念に関しては、「その概念があまりにも漠然としており、実践的にはいかような解釈も可能であり、そのため、非常に多様な政治的含意を有することになってしまうこと」も指摘されている［谷口二〇一〇：二〇一］。

以上のような問題状況を前提とした上で、「徳」や「陶冶」について、真正面からの身も蓋もない議論がなされている文脈を探索するなら、われわれは、東アジア政治思想の分厚い蓄積へと行き当たることとなる。言うまでもなく、東アジア政治思想の最大のバックボーンの一つとしては、精緻かつ壮大な体系を構築してきた儒教（儒学）が存在していた。

後段でも触れるように、この思想体系は、純粋に思惟的な次元にのみとどまるものではなく、現実の剥き出しの権力と結びつきつつ、具体的に「科挙」（五九八〜一九〇五年）といった形での巨大な人材選抜システム（有徳者のフィルタリング）をも運用してきた。以下では、このような思想体系と実践が、本章の主題であるミルが論じた「代議制」とのあいだに、どのような関係を取り結ぶのかを、まずは現代中国の状況を見ながら、論じてゆくこととしたい。

現代中国における儒教の復興

現代の中国においては、「陶冶」や「徳」をめぐる問題系の前提をなす儒教が、政治的・文化的に大きな関心を持って論じられている。端的に言うなら、近年、中国では、爆発的な『論語』ブームが巻き起こっているのである。例えば、北京師範大学の于丹（Yu Dan）教授は、国営放送での『論語』紹介番組と連動して『于丹〈論語〉心得』という書籍を刊行し、この本は驚異的な売り上げを記録している。このような現代中国における「論語ブーム」は、それが国営放送の番組から火がついたものであることからも察せられる通り、一種の官製ブームとしての性格も有している。[6]

このブームに対しては、中国国内の経学（経教）の専門家たちから、彼女の『論語』読解は単純化され過ぎているとか、あるいはそもそも『論語』の内容を歪曲しているなどといった批判がなされてもいるが、清華大学で政治哲学を教えるダニエル・A・ベルによるなら、于丹による『論語』読解と、そこで説かれている道徳哲学の内面化の推奨は、「脱政治化（depoliticized）」された体裁を取りながらも、現状を肯定する保守的なものであり、その点、内在的には体制擁護的な志向性を持つものであると言える［Bell 2010：Appendix I］。

このようなブームの背景には、近年の中国における支配イデオロギーの変化が存在しており、二〇一一年の新年早々、北京の天安門近くに現れた巨大な孔子像は、このことをよく象徴している。近年、中国では、儒教が静かに復活しつつあるが（例えば、世界各地での孔子学院の設立、孔子生誕記念式典、映画「孔子」の上映など）、その背景には、ソ連解体や国内での市場経済化の進展を承けて、統治イデオロギーたる共産主義の求心力が低下する中、道徳による社会秩序の維持などを、共産党が政権強化の手段として利用しようとしているという事実が存在する。

周知の通り、歴代王朝は、儒教を支配イデオロギーとして利用してきたが、五四運動や文化大革命（批林批孔）を重大な切断点として、儒教は、むしろ強く忌避されるべきものとして観念されてきた経緯が存在する。そのような中で共産党が、かつての孔子と儒教を批判する立場から、その復興を推進する立場へと転換した背景には、上述のような権力側の事情があったわけである。

このような儒教の影響は、既に述べた「論語ブーム」のような民間だけのものにとどまらず、政権内部でも強まっていることが注記される。現に「小康社会」（鄧小平）、「以徳治国」（江沢民）、「和諧社会」（胡錦涛・温家宝）など、近年、儒教に由来する多くの理念が共産党の政策綱領に盛り込まれているのが見て取られるのである。

リベラルではない場所でミルを読むということ

先述のベルは、このような于丹ブームを横目に見ながら、現在、清華大学で初の外国人教員として政治哲学を教えているのだが、彼は「北京で政治哲学を教えるということ」と題したエッセイの中で、次のようなミルにまつわるエピソードを紹介している［Bell 2010：128-129］。

ベルは、オックスフォードで博士号を取得した後、シンガポール国立大で教鞭を執った経験を持つが、その際、ベルの講義（セミナー）のリーディング・リストを見た学科長から「もっとコミュニタリアニズム（ベルの博論のテーマでもあった）のことを教え、J・S・ミルのことは余り教えないように」と窘められたエピソードを紹介している。ベルがこの助言に抗ったところ、クラスに見知らぬ人物が監視に現れるようになるなどし、結果、シンガポール国立大での雇用契約は更新されなかった。その後、香港の大学での勤務を経てから赴任した北京の現任校では、リーディング・リストに容喙されたりすることはなかったのみならず、マルクス主義以外のことなら何を教えても容認（黙認）されたとのことである。

このエピソードを読んで感じるのは、今日においても「禁書指定」されるという点での改めてのミルの偉大さでもあるが、他面、邦訳『代議制統治論』の「あとがき」で訳者である水田洋自身、次のようにも述懐していることが注記される。

> 父親の早期教育のせいかもしれないが、ミルの文章は決して名文ではなく、論理も明快ではない（『論理学』の著者でもあるのに）。息の長い文章のなかに、いろいろの挿入があって、全体の意味がつかみにくいばあいがある。訳文の生硬さのいいわけでなく、読者にご注意をお願いしておきたい。［水田訳：四五一］

この点、筆者も少なからず同意するものではあるが、しばしば多重的な挿入によって複雑怪奇な入れ子構造となった文節の連なり……という文体上の問題以外にも、ミルの思想があまりにも強靭であるために「普遍化」し、われわれの血肉となってしまっているからこそ「陳腐化」している面もなきにしもあらずではないようにも思われるのである（実際、ミルの文章を一気に通しで読むのは実に難儀する……）。しかし、そうではない場所（普遍化していないがために陳腐化し得ない場所）では、どうだろうか。ベルの記すところによれば、現代中国においては、欧米や日本のようなリベラル・デモクラシーがデフォルトの環境であるところとは全く異なった知的・政治的緊張のもとで、古典が読まれ、政治哲学が論じられている。ジョン・スチュアート・ミル（約翰・斯图亚特・穆勒）もまた、いまだに、そのような緊張とともに読まれ、論じられる一人なのである。

「政治儒学」と「三院」構想

ここで話を元に戻すと、既に述べた通り、于丹に観られるように「脱政治化」された形での『論語』に関する言説が流通する反面、『論語』における中心問題での一つであるところの「徳」や「陶冶」の問題に関して、現実の政治とも結節された形での議論の系も存在しており、先のベルはこの点についても、その著書の中で触れている（後述）。以下では、この点について、まず、現今の中国における思想状況を簡単に見ておくことにしたい。

上述の通り、共産党は、現体制を強化するための手段として儒教を利用しようとしているわけだが、近年においては、儒教が共産主義に代わる「公認イデオロギー」となり得るか否かをめぐる理論的な次元での議論が、学者たちによって行われている。

例えば、「新左派」の代表の一人である甘陽は[7]、儒教と共産主義イデオロギーとのあいだの融和が可能であると考えており、「儒教社会主義共和国」を建設すべきだと主張しているが、これは現政権のスタンスからも、それほど大きく乖離したものではない。

これに対して、儒学者の蔣慶をはじめとする一部の学者は、中国は共産主義を放棄し、儒教国家を目指すべきだと主張している。――蔣慶は「政治儒学」という構想のもと、「儒教の国教化にとどまらずに、儒教の教えを全面的に政治体制に反映させる儒教国家」を提唱している。ここでは、儒教の「政治性」を最も先鋭に表現した「公羊学」への回帰が説かれ、「西洋の文化資源に全く依拠しない」政治体制の構築が目指されることとなる。彼の構想では、このような儒教体制のもとでの政治機構の中心は、「超越的合法性（人類全体の利益、道徳）」を代表する《通儒院》、「民意の合法性」を代表する《庶民院》、西洋古典古代期の元老院に相当し、「歴史文化の合法性」を代表する《国体院》から構成されることとなる。蔣によるなら、これら三院のいずれもが実質的な権力を有し、法案は三院を通過して初めて施行される。したがって、これらの三院は「完全に対等な政治権力を行使する機関」として構想されているのである［緒形二〇一〇：二二三―二二五］。

以下では、このような蔣慶の「三院」構想を、「徳」と「陶冶」という観点から本章の主眼であるミルの代議制論と結節させ、先に登場したベルの「三院」構想に対する所論も参照しながら、さらに議論を展開することとしたい。

ベルの診断

このような蔣による三院制構想を考えるにあたって、ベルは、《国体院（House of Cultural Continuity）》は、蔣自身の説明からも暫定的な政治機関にとどまるものであり、その点、三院構想の検討に際しては、この院に関する議論は省略した方が、蔣における代議制のあり方を理解するためには、益するところが大きいと論じている。ベルの見立てに従うなら、この《国体院》によって保障しようとしている歴史文化的連続性は、民主的機関によっても確保され得る。つまり、この三院構想の中で提示されたような《庶民院》が現実に制度化されるのであれば、それが中国に根付くことで、それ自身、歴史的連続性の基となるのである［Bell 2010：185-186］。

以上のような歴史文化的連続性の観点からするなら、実のところ《通儒院（House of Exemplary Persons）》こそが、中国の文化に深く根ざしたメリトクラシーという考え方を表現したものであると見ることができるとベルは診断する。この考え方は、政治共同体の中で「最も才能があり特に溢れた」メンバーが統治を行うべきであり、また、少なくとも彼らがそうでない者たちよりも大きな政治的権力を持つべきだというものであるというものである。これは「みなが分け隔てなく教育の機会を持つべきである」という孔子の考え（「子曰、有教無類」衛霊公第十五：三十九）とも合致するような人材選抜システムを支持するものであり、また、それは実際、長らく科挙によって担保されてきたわけである。本章の中で既に触れた現代中国における儒教復権の趨勢は、このような形で、経教に関する知識を問われる試験を突破した者たちを議会（通儒院）の代表として選ぶことを実質的に支持するのではないかとベルは論じる［Bell 2010：186］。

以上のような形で概略される蔣の思想は、一見、反西洋主義的であるかのようにも見えるが、その主張を仔細に見るなら、彼は決して強硬な原理主義者などではないことが分かる。蔣の主張は、現在われわれがデフォルトに「普遍的」だと思っている近代以降の欧米型の政治機関の構成が、彼ら自身が歴史的に培ってきた政治的文化的蓄積にその正当化の淵源を求めるものであるのと同様、現代の中国が自らの政治機関の構想を、孔子をはじめとする自国起源の思想蓄積に求めることに何の問題があろうか、ということなのである。

ベルは、上記で取り上げた文献以外のところでも「現代社会における有能で長期的視野を持つ指導者の必要性について」というタイトルのもと、ワンとデモという二人の人物の対話形式を用いて、このような問題に関する議論を展開しようとしている。この対話篇の中では、ミルが第二院の構成員として、脚注でその可能性に触れるにとどまった「学者」の議会への投入について、真剣な検討が行われている。これは、階級立法の危険という点では、圧倒的な人口比率を占める農民のそれが恐るべきものであることを、その背景に有する議論でもある。

この中に登場するワンによるなら、農民にマクロ経済運営や外交政策などの複雑な事柄を決めなければならない国家レベルの指導者を選ぶ資格があるとは思えず、また、多くの「民主派」も農民主導になってしまうことに対して非常に大きな懸念を持っている。ここには、ミルに見られた当時のイギリスでの「階級立法への大いなる懸念」と同様の関心の反響を聴くことができるのではないだろうか［Bell 2000：299］。

四　結

以上、ミルの『代議制統治論』をめぐり、「徳」と「陶冶」をめぐる形で東アジア政治思想にまで射程を延ばした議論を展開してきたわけであるが、特に「徳」の概念に関しては、さらに分析的な検討が必要である。

なお、本章は、登場順に、下記、文献一覧にも掲げられたスコラプスキ、早川誠、天野嘉子、関口正司、小田川大典、緒形康、関志雄、ダニエル・A・ベルの諸氏の論攷に大いに負った試論であることと、改めて記しておく。

＊『代議制統治論』の原テキストとしては、Mill, John Stewart, 1861, *Considerations on Representative Government*, London: Savill and Edwards, Printers, Chandos Street, Covent Garden を随時参照し、本文中の引用は、基本的に水田洋訳『代議制統治論』〈岩波文庫〉、岩波書店、一九九七年から行った。訳文に関しては、適宜、読みやすいように若干の改訂を加えた。

文献

天野嘉子（二〇〇八）「大日本帝国憲法第四十条とJ・S・ミル『代議制統治論』——井上毅文書にみられる制度構築

への意思」『法学政治学論究』七七号、一〇五―一三八頁。

王前（二〇〇一）『中国が読んだ現代思想』〈講談社選書メチエ〉、講談社。

緒形康（二〇一〇）「現代中国の儒教運動――蔣慶の政治儒学に見る文化主催の諸問題」『現代中国学ジャーナル（ICCS）』二巻一号、愛知大学国際中国学研究センター、二一二―二二八頁。

小田川大典（二〇〇三）「J・S・ミルにおけるリベラリズムと共和主義」『政治思想研究』三号、二九―四五頁。

関志雄（二〇一一）「中国における儒教のルネッサンス――共産党の政権強化の切り札となるか」『中国経済新論』二〇一一年四月二十七日掲載（http://www.rieti.go.jp/users/china-tr/jp/110427kaikaku.htm）

小林良彰（二〇〇七）「書評『立法の制度と過程』」『朝日新聞』三月二十五日朝刊十三面。

関嘉彦（一九六七）「ベンサムとミルの社会思想」『ベンサム／J・S・ミル』〈世界の名著〉、中央公論社、七―六八頁。

関口正司（一九八九）『自由と陶冶――J・S・ミルとマス・デモクラシー』みすず書房。

谷口功一（二〇一〇）「共同体と徳」『成長なき時代の国家を構想する――経済政策のオルタナティヴ・ヴィジョン』ナカニシヤ出版、一八六―二〇九頁。

早川誠（二〇一〇）「代表制民主主義におけるつながりと切断」宇野重規編『つながる――社会的紐帯と政治学』風行社、一五五―一八六頁。

福元健太郎（二〇〇七）『立法の制度と過程』木鐸社。

山下重一（一九七六）『J・S・ミルの政治思想』木鐸社。

Bell, Daniel A., 2000, *East Meets West: Human Rights and Democracy in East Asia*, Princeton University Press.（施光恒・蓮見二郎訳『「アジア的価値」とリベラル・デモクラシー』風行社、二〇〇六年）

――2010, *China's New Confucianism: Politics and Everyday Life in a Changing Society*, Princeton University Press.

Jiang, Qing（蔣慶）, 2003,『政治儒学――当代儒学的転向、特質与発展』三聯書店.

Skorupski, John, 2006, *Why Read Mill Today?* Routledge.

註

（1）ミルの伝記的事実に関しては、［関一九六七］と［山下一九七六］の特に第二部第六章を参照した。

（2）わが国、国会におけるミルへの言及も、その議事録を繙いてみるなら、大部分が選挙制度（比例代表制）如何に関連するものや、時代によっては「不労所得」に対するミルの批判を取り上げたものなどであり、また、その思想内容自体に言及したものの多くも『自由論』を主たる対象としていることが分かる。

（3）ミルは「第二院について」の章中の脚注［水田訳：三一八］で、第二院（元老院）の構成員の候補として「大学教授（一定の全国機関での一定の教授職）」を検討しているが、これはミル自身が、幸い、大学に奉職したことがないからであろう。

（4）福元によるなら、これに対し、衆議院議員には「新進気鋭」、「勢のいい人」、「若い人」が想定されていたとのことである。

（5）ミルによるなら、当時のイギリスでは、この条件は満たされていた。

（6）本節における現代中国での儒教復興の動きに関する記述は、基本的に［関二〇一一］に、その内容を負っている。

（7）甘陽は、「新保守主義者」であるともされるが、彼自身は、シカゴ大学で学び、アラン・ブルームの弟子として、レオ・シュトラウスやバーリンを熱心に中国へと紹介し、それらの名を広めた人物としても知られる［王二〇一一：一七八］。

補章　面白うて、やがて神聖なる喜劇

以下は、畠山理仁『黙殺——報じられない〝無頼系独立候補〟たちの戦い』集英社文庫、二〇一九年の書評である。

むかし読んだ作家・大西巨人の随筆で、選挙に立候補することにまつわる印象深い一節があったのをよく覚えている。大西と大企業の組合系議員になった同級生Nとの会話の中で、市議になることについて「女房は、おれ以上に反対でね」、「市議になるなんて、みっともない」、「娘たち二人の将来の縁談にも差し支える」といった話が出た上で、大西は次のように述懐するのである。——「私は、〝国家ないし地方自治体の議員に関するそんな見方・考え方は、あやまりである〟と悟性的（理念的）には思ったものの、感性的（現実的）にはNに大いに共感した」と（「巨匠」『大西巨人文選4　遼遠』）。代表作『神聖喜劇』の中で合法的軍隊内闘争を徹底した「論理」の筆致で描き切った硬骨漢の左翼・大西にして、立候補に関する思考の論理はここで立ち止まっているのかという強い印象を私は持ったのだった。

われわれ自身もまた、自分のまわりで選挙に立候補すると言い出す家族や友人・知人がいたら、どんな反応をするかを考えてみればよい。「驚き」の感情のあとに即座に続くのは、よくて「困惑」なはずだろう。下手をすればまともな社会人の軌道からは逸脱した変人扱いされるのがオチである。立候補者への人びとからの問いかけは常に「なぜ、立候補するの？」なのだ。

その後、大西が「感性的」に抱いた思いは広く社会に共有され続けて今日に至り、例えば二〇一九年春に行われた第十九回統一地方選挙では、実に都道府県議選の二十六・九パーセント、町村議選の二十一・八パーセントの議席が「無投票当選」となったのだった。議員のなり手（立候補者）が、われわれの社会では払底しつつある。

本書『黙殺』は、このような深刻な立候補者不足の現状の中、誰から頼まれたわけでもないのに勇んで選挙に撃って出る、いわゆる泡沫候補たちを二十年の歳月をかけて丹念に追い続けた選挙ノンフィクションである。主流マスコミからは「独自の戦い」を展開する者たちとして申し訳程度の添え物のように紙面の片隅に記される彼らを、著者の畠山は愛情をこめて「無頼系独立候補」と呼び、彼らがどのような思いをもって選挙を戦っているのかを描き出す。

本書の中には数え切れないほどの候補者たちが登場し、彼ら自身の人生そのものともつながる形で展開されてゆく立候補や選挙戦が、時として抱腹絶倒、はたまた感動を誘う筆致で描き出されてゆくが、なかでも強い印象を残すのは、マック赤坂とその息子をめぐる涙ぐまざるを得ない選挙エピソードで、これを読めばマック赤坂に対する見方は、一変することになるだろう。

また、全裸写真を用いた選挙ポスターや政見放送で放送禁止用語を連発して物議を醸した後藤輝樹が、なぜ選挙に出続けるのかの理由を語るくだりは、思わず読み手の背筋をして粛然と伸ばさせるものがある。後藤には人びとが政治に関心を持たないのは何故なのかという「怒り」があり、「こんなやつ（後藤本人のこと）が出るより、おれが出てやろうと有権者に思って欲しかった」と言うのである。ちなみに後藤が立候補する際の供託金を含む費用は、彼自身がこつこつ貯金して貯めたりしたものだ。

スマイル体操で口角をあげて微笑みながら踊り狂うマック赤坂の孤独な戦いの裏側を目撃して涙ぐみ、あらゆる方言での性器の名称を憑き物がついたように政権放送で絶叫連呼する後藤の真情に触れ粛然と我が身をただされる。それが本書なのである。取材対象である独立候補たちへの筆致には、筆者の細やかな愛情が感じられ、突出して優れたノンフィクションには必須の条件の一つである、取材対象への愛が横溢する一冊である。

四十六年間いちども勤め人をしたことのない著者の畠山は、筋金入りのフリーランスである。記者クラブなどにはいっさい入ったことのない畠山の取材は「茨の道」以外では形容しがたい困難を極めており（詳しくは同著者による『記者会見ゲリラ戦記』を参照されたい）、同い年の私は、畠山のこれまでの苦難を読み聞き知って、とても他人ごととは思えない感慨を持った。

文庫版では三浦英之による感動的に素晴らしい「解説」の中で、誰から頼まれたわけでもないのに独立候補たちへの取材に孤軍奮闘する畠山の姿が次のように描かれている。――「彼もまた自らの信念を貫きながら、この生きにくい世の中を少しでも変えようと命を鉋のように削ってきた「無頼系独立候補」ではなかったか。被写体のモデルの瞳に時折、接写するカメラマンの姿が写り込んでいるように、この『黙殺』には確かに、筆者である畠山氏の姿が映り込んでいる」と。全くもって満腔の同意しかない。

記者会見や取材の場では、いつも「お前、誰だ？」と聞かれる所属肩書きのない畠山は「日本国民です！」と答えるそうで（何たるパワーワード）、時として、それまでふんぞり返って応対していた取材相手の政治家や公務員が虚を突かれ「あっ！（有権者様だ……）」という表情になるという話には、思わず噴き出してしまうのではあるが。

ただ、この畠山の「日本国民です！」というエピソードは、単なる面白話ではなく、立候補、選挙、そして政治そのものを考える上で、極めて重大な論点を端なくも露呈させている。日本国憲法では、われわれ日本国民は「主権」を持つことが、その大原理（国民主権）として定立されており、われわれ一人一人はまごうことなき「主権者」なのである。

われわれが行使すべき主権には、毎度の選挙で投票を行う選挙権だけでなく、実は投票の対象になる「被選挙権」、つまり立候補する権利も含まれているはずなのだ。

本書は、常軌を逸した存在として冷ややかにして慇懃なる無視を投げ掛けられ続けてきた独立候補たちが果敢に主権を行使する人間群像を描き出した、面白うて、やがて粛然たる「神聖喜劇」なのだ。

そこでわれわれに突きつけられる問いは、ただ一つ。「なぜ、立候補しないのですか？」という、とてつもなく重く深い問いかけなのである。

Ⅱ　性の越境

二〇〇三年の春、本当にたまたまの縁で、私は当時住んでいた世田谷区の区議会議員選挙に立候補していた「性同一性障害」の当事者、上川あやの選挙に深く関わった。上川の当選後、ほぼ時を置かずして、いわゆる性同一性障害特例法の立法運動にも深く関与することとなり、この社会運動を通じて私は多くのことを学び、また、そのことは私じしんの、その後の研究者としての思考のみならず、社会や政治に対する考え方を深く強く規定し続けている。ジェンダー／セクシュアリティをめぐる事象は、それから二十年の歳月を経て、大きな社会的変化を露わにしつつあるが、現在の状況に至る萌芽期・出発点とも言える、その時期に何があったのかを振り返り、その時に私じしんが考え記したことは、今でも普遍的な妥当性を持つものと考え、以下に当時書いたものを、ほぼ、そのまま再掲するものである。現在様々なところで問題となっている「承認の政治（アイデンティティの政治）」と「再分配の政治」の相克状況についても、少なからぬ示唆を与えうるものではないかと考える次第である。

内容的に重複する部分もあるが、第五章は法制定後、議院法制局関係者をはじめとする立法関係者にもよく参照され、また第六章は、当時の与党側の立法推進者の中心であった南野知恵子参議院議員（のち法相）の求めに応じて寄稿した点で、ある種の史料とも思われ、内容の重複をいとわずそのまま収録した点、宥恕されたい。

なお、「性同一性障害」は、その後ＤＳＭやＩＣＤの改訂により「性別違和（Gender Dysphoria）」へと概念変容し、また、特例法自体も二〇〇八年に所謂「子なし要件」が緩和され「現に未成年の子がいないこと」という要件に改められた。その後の展開については、筆者が二〇二二年三月二十九日、自由民主党・政務調査会の「性的マイノリティに関する特命委員会」（高階恵美子委員長）に招聘され、特例法改正に関する意見聴取をされた際に話した内容も含め余他の論点はあるが、それらについては本書では触れず他日別稿での議論を期すこととしたい。

第四章　ジェンダー／セクシュアリティの領域における「公共性」

国会というのは、法律を何でもつくれるわけじゃない。昔イギリスの言葉に、上下両院は男を女に、女を男にする以外に何でもできるという言葉があったが、これは反語であります。こういうことをしちゃいかぬということなんです

［一九九七年国会議事録(1)］

一　はじめに

第一五六国会において「性同一性障害者の性別の取扱いの特例に関する法律（平成十五年法律第百十一号）」が成立した。この法律（以下、適宜「特例法」と略す）は、特定の要件を満たした性同一性障害の当事者が戸籍上の性別を変更することを可能にしたものである。性別の変更に関する立法は、スウェーデンをはじめとするいくつかの国々においては既に少なからぬ年月を経たものではあるが

〔大島二〇〇二〕、冒頭に掲げられたような形で国会議員があえてする法諺への言及を想起し、なおかつジェンダー／セクシュアリティ領域におけるわが国の現状を念頭に置くならば、このような立法が実現したことは、ともかくも一つの画期をなす出来事であったと言えるだろう。とは言うものの、この特例法に対しては、当事者からのものをはじめとする少なからぬ批判が投げかけられ、「現に子がいないこと」及び「現に婚姻をしていないこと」を定めた要件、特に前者の子供要件に対しては強い疑問が呈されている〔二宮二〇〇三〕。

この立法に対してフェミニズムの論者からは次のような反応が寄せられた。すなわち、当該特例法は本来一義的な規定を超えた幅のあるスペクトラム上に定位されるべきトランスジェンダーの多様性[2]を「性同一性障害」という医学上のカテゴリーに限定した上で「性別二分秩序の中に回収し封じ込め、戸籍制度の維持と国家による性別秩序の管理を強化すること」を隠された意図として有するものであり、かかる立法意図は昨今の「ジェンダー・フリー」に対する保守派からのバックラッシュと「符号」するものである、と〔長谷川二〇〇三〕。

この主張に対しては、性別二元制や家父長制イデオロギーが支配的な現状への懐疑といった形での価値判断は一定程度共有するものであるが、その他の面では慎重な留保が必要とされるように思われる。というのも、そこで行われているような、法外の社会文化的情況と結節された形での（立法）動機の暴露は、立法者意思が戸籍に表象される家父長制イデオロギーや性別二元制に汚染されているという社会学的見地からする報告に過ぎず、立法及びそれを支える制度の内容に関して何らの内在的視点をも含まないからである。

そこで行われている議論は、一見、法＝制度に向けて、それに正対した形での批判であるかのような外観を装いながらも、実態としては性別二元制などの意味秩序に関する社会文化的次元での紋切り型的糾弾を反復しているに過ぎない。かつて「社会学を中心とした日本の従来のフェミニズム論には、権力論すなわち国家権力や政治的・社会的権力の構造的把握の視点が不足していたのではないか」［辻村一九九七］という指摘がなされたが、ここではこの疑問が依然として払拭されないままに残る[3]。

　性別二元制のように相当程度に広く、そして深く社会に浸透した秩序変更の企てに際しては、社会文化的次元での意味秩序の改変だけがア・プリオリに優先されれば、それで事が足りるというわけではない。むしろかかる見地からする社会文化的次元での人びとの意識改革と実体的な法＝制度を構造的に把握した上での改革を重層的に実践することが要請される。なんとなれば、これら二つの改革実践は本来的に相補的なものであり、また相補的であるべきだからである［井上二〇〇三］。

　表題にも示された通り、本章はジェンダー／セクシュアリティの領域における「公共性」のあり方について論じるものである。ここでの「公共性」とは相対的に狭い形では、公共的決定[4]とそれを支える制度に対する内在的把握に基づいた思考様式へのコミットメントを意味し、また相対的に広い形では哲学的に基礎づけられた公共性の「概念」へのコミットメントを意味する[5]。以下では、リベラリズムを論難してきたフェミニズムをはじめとする諸主張が、必ずしも先述の「狭義の」公共性に正対した形での十全な議論を展開してきたわけではないことを示し、またあわせてそれらのリベラリズムに対する外生的挑戦に応答しながら、当該領域における「広義の」公共性のあり方の考察へと向かうに際しての「基礎工事」を行うことを本章における任としたい。次節ではまず、歴史的に展開されてきたフェミニズム（及びそれと派生・類縁関係にある諸主張）を、整理することからはじめることとしたい。

二　複数のフェミニズム

フェミニズムからリベラリズムに対して投げかけられる典型的批判の一つとして、リベラリズムの「個人主義」を対象とするものがあるが、それは一方では次のような形を取る。すなわち、伝統的リベラルによって主張されてきた個人主義の担い手たる「個人」は、私的領域（家庭）とは分離された公的領域への参加資格を有する成人の男性家父長をその典型的主体として想定したものである。そこでは女性は当初から排除されており、また公的領域における主体性をも否認されている。このようなリベラルの個人主義は、家父長制を前提とした「過剰」な彩りを施されたものであり、また同時に家庭における女性の隷従をその陰画とする形で成立してきたものである[6]。

また他方で、リベラルの「個人主義」に付着する「抽象性」へと向けられた批判も存在する。この主張によると、リベラルが想定する「個人」は、身体性を含む様々な経験上の差異や社会的不平等の諸事実を捨象したものであり、そのような現実からは「何ものをも負わない自我（unencumbered-self）」を理想的に設定している。そこではあたかもすべての人が平等であるかのように取り扱われるべきことが主張されるが、その「平等」は実質的平等の保障までは射程の及ばない、形式的で空疎なものにとどまる［cf. 岡野二〇〇二］。

これらはリベラリズムの想定する個人＝自我観を、その「過剰さ」と「空疎さ」の両面から論難しているものと見ることができるが、それではフェミニズム自身はどのような自我のあり方を構想してきたのだろうか。これらの批判に対するリベラルの側からの直接的な応答はここではいったん措くとして、以下では、この自我構想の問題についてアイデンティティや差異といった固有の視角のもとで様々な議論を展開させてきたフェミニズム内部での思潮の流れを整理することにしてみたい。この問題に関するフェミニズム内部での思潮の流れを極めて的確な形で整理したものとしてフレイザーの手になるものがあるが、以下では彼女の議論を参考にしながら論を進めてゆくことにしたい［Fraser1996: ch. 7］。

フレイザーによると、これまで歴史的に展開されてきたフェミニズムの問題系は、①六〇年代半ば―八〇年代半ばの「ジェンダーの差異」、②八〇年代半ば―九〇年代前半までの「女性たちの間の差異」、③それ以降の現在に至るまでの「増殖し続ける様々な差異」をそれぞれ問題の焦点としたものとして時系列的に整理される。

最初の「ジェンダーの差異」における対立者は、「平等のフェミニスト」と「差異のフェミニスト」である。前者の平等派は、ジェンダーの差異を――しばしば、女は非合理的で感情的であり、それゆえに社会に出て行く仕事には向かないが、家事には適しているといった形で表明される――性差別主義（sexism）と不可分のものとして捉え、そのような差異を否定した上で、男性と平等な、つまり「男並み」の社会への参画・統合を求める。これに対して後者の差異派は、平等派のあり方をあくまで男性を中心とした主体のあり方を無前提に受け容れた同化主義的なものとして拒絶し、さらに女性固有の差異のあり方を肯定的なものとして捉え直す。ここでは、すべての女性が分かち合う共通のアイデンティティが「本質的なもの」として措定されている。[7]

このような差異派に対し、第二の「女たちの間の差異」の段階においては「女性」というアイデンティティの範疇設定自体が、「異性愛・白人・有産階級・女性」を前提としたものであることが指摘・暴露され、「人種やエスニシティ、セクシュアリティや階級」といった多様な差異の参照軸への言及が行われた。ここでは、多様で横断的な女性内部の差異が肯定的なものとして捉えられている。[8]

最後に、第三の「増殖し続ける様々な差異」の段階においては、女性たちの間に存在する様々な差異をそれ自体として肯定的に捉える立場に対し、アイデンティティと差異をラディカルに再考することを迫る反本質主義の立場が勃興することとなった。この立場によると、あらゆるアイデンティティや差異は客観的に与えられたものではなく、「言説的」に構築されたものであることが主張される。

一九六〇年代以降、ラディカル・フェミニズムを源流とした第二派フェミニズムの勃興と軌を一にして澎湃と沸き起こったアイデンティティと差異をめぐるフェミニズムの諸思潮は、概略ながら以上のような形で展開されてきたわけであるが、これらの様々な立場は、理論的にはともかく現実にはいまだにそのそれぞれを支持する言説・実践が存在するものであり、[9] その点でフェミニズムの抱懐する自我観は現時点においても多様かつ複雑な多様性を保っている（もしくは分裂している）と言うことができる。つまり、自我の構想に関わるフェミニズムの様態は一義的には把握されえないものであり、フェミニズムがリベラリズムを一括りにして言ってきたような形での単純化された批判をフェミニズムに対してそのまま投げ返すことは回避されるべきであることが確認される。しかし、その中に看過されるいくつかの特徴は、リベラリズムに対して向けられた「過剰さ／空疎さ」という批判に対してまったき免疫を持つものではないように思われる。以下では、上記のような形で展開されてきたフェミニズムや、そこから派生した、あるいはそれと類縁関係にあるジェンダー／セクシュアリティをめぐる諸主張がいかなる形での「過剰さ／空疎さ」を抱えているのかを見てゆくこととしたい。

三　過剰さ（差異の本質化）

単一の差異

「女である」という差異から構成されるアイデンティティを肯定的に捉える立場は生物学的基礎づけに対する態度決定をメルクマールとして二つに分けられる。一つは、生物学・解剖学的差異をアイデンティティの構成要素として受容する立場である。これは単純に性染色体や性器を含む器質身体的差異に基づくものとして理解すれば足りるものであるが、「ジェンダー」という語のそもそもの成り立ちと意味、つまりその社会・歴史性に留意するならば、このような生物学還元主義はほぼ自動的に斥けられる。二つ目は、かかる生物学的な基礎づけには拠らないが、ジェンダーの社会化過程や「女性文化」の中で形成・継受される「女性性」に基づく差異を肯定的に捉えるものである。これは先の「生物学的本質主義」に代わって「文化本質主義」とも呼称しうる立場である〔上野二〇〇二：一二〕。かかる「文化本質主義」は、典型的にはキャロル・ギリガンに看取されるもので、「ケア（配慮）」への傾向性を女性特有のものとして単に認識するのみならず「徳性」として積極的に評価するものである［Gilligan1982］。

ギリガンに見られる、このような「単一の差異」への頌歌を政治的な次元で前面に打ち出した一つの例として、デモクラシーの文脈に「女性性」を導入したジェーン・マーンスブリッジの議論が挙げられる。彼女は、ギリガンにおいて権利に基づく「正義の倫理」と対比される形で優越的に付置された「ケアの倫理」のみならず、「慈育の力（nurturance）」や「他人の話を注意深く聴く力（atentiveness, listening）」を女性特有の優越的文化特性として称揚し、なおかつそれらの女性に固有の性質を「シュンペーター流」の利益多元主義とは一線を画した「熟議の民主政（deliberative democracy）」の有益な政治的資源として採用すべきであることを論じる［Mansbridge1998］。

このような形で「熟議（deliberation）」の資源として女性に固有の「徳性」を政治的アリーナに統合しようとする試みからさらに進んで、より強く女性固有の「差異」に力点を置いたものとしては、キャロル・ペイトマンの主張が参照される。ペイトマンの議論においては、既に前節でも瞥見したように、「個人」というカテゴリーが本来的に男性を中心とするモデルに依拠しているにもかかわらず、実際にはそれがあたかも普遍的な形態であるかのように提示されていることが問題とされる［Pateman1988/Mouffe1993：訳一六三］。そこでは、平等を要求すること自体が「女性は男性のようにならねばならない」という同化要求を含意するものであり、かかる平等要求と家父長制概念の浸透したシティズンシップの受容との間にはディレンマが生じることが指摘されるのである（ウルストンクラフトのディレンマ）。彼女はこのようなディレンマの解決策として「性的に差異化された」シティズンシッ

プを彫琢することの必要性を論じる。ペイトマンの議論を批判的にパラフレーズしたシャンタル・ムフに拠ると、

> そのシティズンシップ概念は、女性の身体および女性をシンボル化するすべてのものを含めて、女性を女性として認知するものである。このことはペイトマンにとっては、男性にはない能力に対して政治的意義を付与することとなる。その能力とは、生命を生み出すこと、すなわち母性である。［Mouffe 1993：訳一六二］

以上のギリガンからペイトマンにわたる「単一の差異」を肯定的に捉える立場は、基本的に「本質主義」の立場に基づくものであると言えるが、かかる立場に対しては、フェミニズムの内部からも明示的な批判が投げかけられている。例えば上野は、次のように言う。

> 性差の文化本質主義は、性差が文化の産物であることに同意する。そしてそのジェンダーの文化的な拘束力が容易に変更出来ないものであることを前提に、「女性文化」「女性性」の逆説的な優位を説く。そこでは従来の性差観は保存されたまま、価値の逆転がはかられる。それまでのラディカル・フェミニズムからは後退した保守的な思想であると言わなければならない。［上野 二〇〇二：一四］

さらに続けて上野は、「一種の後退戦」「歴史的な挫折感の産物」とも称すべき「性差の文化本質主義」が登場した歴史的背景として、八〇年代の合衆国において「男女平等」条項を憲法に付け加えようとしたERA（憲法修正平等条項）法案の不成立に起因するフェミニズム内部での挫折感や、かかる保守化の趨勢への反発に起因する運動内部の政治的急進化によりレズビアン・セパレーティスト（分離主義者）が運動の主導権を執ったことなどを挙げている。

レズビアン・フェミニズムは、ラディカル・フェミニズムと相似的な形で分離主義的傾向を有するものとされるが、そこで主張される「シスターフッド（sisterhood）」といった形での「共同性」の標榜には、時として「抑圧的」傾向性が付着することが注記される。[10] ここでは、一九七〇年代の「ラディカレズビアンズ（Radicalesbians）」による「女に同一化した女（woman-identified woman）」宣言からアドリエンヌ・リッチによる「レズビアン連続体（lesbian continuum）」の主張に至るまでの言説が参照しうるだろう［Rich 1979-85］。特にリッチの主張に対してはセクシュアリティそのものに対する意味づけをめぐり、また、トランスジェンダーの視点からの厳しい批判も投げかけられているが［Califia1994］、このような形で特定の「差異」――この場合は「女である」こと――から構成されるアイデンティティを「シスターフッド」といった形で「本質主義」的に捉える場合に原理的に付きまとう問題として、かかるカテゴリー化が、しばしばカテゴリー自体の「過剰」な常軌化・規範化を促し、その帰結としてある種の「抑圧性」を産み出すことが確認されねばならない。かかる抑圧性を顕現させた一つの極限事例として、ジャニス・レイモンド版のレズビアン・フェミニズムを採り上げてみることとしたい。

「女である」ことを「単一の差異」としてカテゴライズする最悪の形態は、レズビアン・コミュニティとトランスセクシュアル[11]の関係に言及したジャニス・レイモンドの『トランスセクシュアルの帝国』に見出すことができる［Raymond1979/1994］。レイモンドは、一九七九年に出版された初版以来、少なくともその改訂版が出された一九九四年に至るまでの間、前掲の著書の中でトランスセクシュアルに対する憎悪をあからさまな形で表明し続けている。彼女は、レズビアンのコミュニティにおいてＭＴＦトランスセクシュアルを拒絶する根拠として以下のような議論を展開する。それによると、究極的にジェンダーを決定するのは性染色体であり、その点でＸＹ染色体を有するトランスセクシュアルは単に「逸脱した男」でしかない（生物学的本質主義）。また、トランスセクシュアルは「手術によって人工的な女の性器を与えられるとしても、この社会で女として生まれるという歴史が与えられるわけではない」ことが主張される（文化本質主義）。そこでは、ＭＴＦは医療テクノロジーの介入によって女性の身体を「人造的に貶め」自らのために「流用」するという形で女性の身体を「レイプ」する者とされ、ＦＴＭは「男」への「包摂の幻想（illusion of inclusion）」を抱く「ジェンダーの裏切り者（gender traitors）」であると断じられる。

　レイモンドにおいて、トランスセクシュアルの抱える「ジェンダー違和（gender dysphoria）」の原因は現実における家父長制イデオロギーの瀰漫に求められ、その「治癒」は「フェミニスト革命」の成就による家父長制自体の打倒によってしか成されえないとされる。彼女の弁によるなら、トランスセクシュアルは現時点においては「医療モデルとその帝国」によって「革命的ポテンシャルを飼い慣らされて」しまっているが、その「ユニークな立ち位置」を活用し、かかる「革命」の尖兵となることを慫慂されるべきなのである。

このようなレイモンドの主張に対しては、トランスセクシュアルの当事者をはじめフェミニズムの内部からも極めて強い批判がなされているが［東二〇〇三］、ここで注目されるべきは、彼女の「トランスフォビア（transphobia／トランスセクシュアル嫌悪）」から帰結する「排他性」にとどまらず、「フェミニズム革命」と称される彼女にとっての「公共善（public goods）」の実現のために、いったい何が他者に対して要求されているのか、ということである。何らかの公共的コミットメントを善きものとして主張する際、人はそれを他者に過剰な負担を強いる形で課すことは許されない。いかなる形のものであれ「公共善」の追求は「私的利害」を等閑に付しては行われ得ないのであり［cf. Hirschman1982］、ましてや「生活」そのものがしばしば危ういバランスの上に成り立つトランスセクシュアルの当事者に対して、かかる公的コミットメントの発露を唯一かつ必然の経路として指し示すレイモンドの主張は、いたずらに「過剰な徳行（supererogation）」[12]を要求するものであると言わざるをえない。また、このような形での「徳行」への過剰な要求は、その担い手の自律性を否定するものであり、担い手自身の人格性をある種の「手段」として扱うことにも通じるが、リベラリズムの重要な源泉の一つであるカントの定言命法にも見られる通り、「汝の人格の中にも他のいかなる人格の中にも存在する人間性を、決して単に手段としてのみ用いるのではなく、常に同時に目的として扱うように行為す」べきなのではないだろうか［cf. Kant1785］。

複数の差異

「単一」の差異に代わって差異の「複数性」を主張する場合、それは既に述べた通り「人種やエスニシティ、セクシュアリティや階級[13]などの差異をアイデンティティへと導入するものである。以下ではまず「承認」をめぐるチャールズ・テイラーの言葉を端緒としつつ、かかる「複数性」の主張にまつわる問題を「エスニシティ」・「人種」のそれぞれとジェンダー／セクシュアリティとの関係性を軸として、順次列挙的に提示することとしたい。

主として多文化主義（multiculturalism）をめぐる文脈において「承認」の問題を取り扱った論考の中でテイラーは次のように言う。われわれのアイデンティティは「他人による承認、あるいはその不在、さらにしばしば歪められた承認（misrecognition）によって形作られる」ものであるが、このような「不承認（nonrecognition）や歪められた承認」は「その人を、偽りの、歪められ切り詰められた存在の形態のなかに閉じこめる」のである、と。一例を挙げるなら、冒頭で言及した「特例法」の名宛人たる「性同一性障害」の当事者や広くトランスジェンダーに対する「無理解や誤解」は、とりもなおさずこの「不承認や歪められた承認」を意味するだろう。さらにテイラーの言葉を引くなら、「歪められた承認は、適切な尊敬の欠如であるにとどまらない。それは……深刻な傷を負わせるものである。適切な承認は、われわれが人々に与えるべき丁重さにはとどまらない。それは、人間にとっての不可欠な必要物」なのである［Taylor 1994］。

このようなアイデンティティと承認をめぐる議論の最も包括的な形態は、アイリス・ヤングのいわゆる「差異の政治（politics of difference）」に典型的に見出される。「差異の政治」は、しばしば侮蔑的に「アイデンティティの政治（identity politics）」とも他称されるものであり、市民を「固定的アイデンティティのグループ」に分断する点で民主主義を阻害するものであるといった形での批判［Elstain1993

：訳八六―八七］を受けるものではあるが、ヤングは、かかる論難が「差異の政治」を「利益集団政治の最も低劣な形態」へと不当に貶めるものでしかないとして端的に斥けた上で［Young1997］、差異が必ずしもアイデンティティに帰着しないものであることを注記し、文化的差異よりもむしろ権力の不均衡をもたらす「構造的な差異」に起因する「社会的パースペクティヴ（social perspective）」を集団を表象（represent）する基礎とすべきことを主張する［Young2000］。

　このようなヤングの主張に対して、フレイザーは特に『正義と差異のポリティックス』に焦点を絞り、ヤングの議論が「承認と再配分」という二焦点構造を有しているが、この二つの焦点が鋭い緊張関係の中にあることを描出し、またヤングにおける「社会集団」概念が過度に特殊アメリカ的な理解を反映したエスニック・モデル（ethnic model）に基づくものであることを指摘する。しかし、その一方でフレイザーはヤングの「差異の政治」がエスニック集団の状況には適した「解放のヴィジョン」であることを認め、さらにそれがゲイやレズビアンの「抑圧を治癒するのに決定的に重要である」ことを肯定している［Fraser1996：訳三〇六］。

　このようなアイデンティティ／差異をめぐる問題系へのエスニック・モデルの導入は、ゲイ・レズビアンの文脈においても見て取られるが、かかるモデルの採用が、「主に白人のゲイやレズビアンたち」によってなされてきたものであり、それは「エスニック集団モデルを採用しながら、性的指向をある意味「人種」概念と「同じように」援用することを意味している」ことが指摘されている［河口二〇〇三：四一］。このような形でのセクシュアリティの次元におけるエスニック・モデル化は、何らの問題も孕まないものなのであろうか。

エスニック・モデルは、いわゆる「多文化主義」において最も典型的に看取されるものであるが、かかるモデル化とジェンダーの問題系との間に存在する緊張関係は、スーザン・オーキンの編著『多文化主義は女性にとって害悪か?』［Okin1999］のタイトルが直裁に指し示す通りである。その中では、現在において多文化主義に関する最も包括的な議論を展開していると目されるウィル・キムリカ自身もまた批判対象かつ論者として登場している。キムリカ自身の議論は「人間の諸活動のあらゆる領域において、制度化された諸慣習と共有された言語を通じて、成員に有意味な生き方を提供するような文化」を「社会構成的文化（societal culture）」というタームで括り、かかる意味での「文化」を有する集団に対して「集団的権利（collective rights）」を付与すべきであることを主張する［Kymlicka1995］。「集団的権利」概念は、①当該集団に帰属する成員の自由を制限する権利（internal restriction）と、②集団外部に存在する全体社会に対する脆弱さから集団（の文化）を保全する権利（external protection）をその内容とするものであるが、キムリカは前者の概念内容に対してはリベラルな観点から懐疑を示す。しかし、オーキンは、このようなキムリカによる「集団的権利」の主張に対し、第一にそれが集団内での同質性を所与のものとして規定した上で集団内部における差異を等閑に付しており、実際にはその内部が「ジェンダー化」されていることが看過されている点、第二に、まとまりをもった全体として把握される集団に視点が限定されており、それに先行して存在する私的領域、特に家庭における諸個人の関係に対する視点が欠落している点などをあげてフェミニズムの立場から容赦ない批判を加えている。この論争から導き出されるのは、個人権に一定の配慮を示す点でリベラルな観点に包摂される穏当な多文化主義に属するキムリカの議論においてさえ、エスニック・モデルの導入がジェンダーとの間に齟齬を来すという事実であり、さらに突き詰めて言うなら、エスニシティ概念は本来的にジェンダーの問題との間に相容れがたい緊張を孕んでいるということである。

次にエスニック・モデル化とセクシュアリティの間には、どのような問題があるのかを考えてみると、既にキムリカの議論を引きながら、エスニシティにおける「文化」の重要性を確認したが、かかる「文化」はしばしば容易に「プライド」の問題と結節される傾向を有することが懸念される。この点、「在日韓国人」としての「民族意識」から発露するプライドへの違和を当事者として表明した姜信子の議論は、わが国におけるこの問題を直接的に扱った好個の例として挙げられるだろう。姜はエスニシティにまつわるプライドを鮮明に表現したものとして、いささかの困惑を示しながら、かつて耳にした以下のような発言を引く[14]。

> 僕は、去年韓国の親類のところへ行ったんだけど、そこで『族譜』を見せられたんです。僕の先祖の名前が代々書いてあって、最後のほうに日本にいる僕の名前もちゃんと書いてあった。はっきり言って僕は感動したね。ああ、僕は韓国人なんだ。僕の体には韓国人の血が流れているんだって、実感したんです。それなのに自分の民族を捨てて日本人になろうとする奴がいる。卑怯な行いだと思う。国籍は捨てられないものだと思うんです。帰化する奴を俺は殺してやりたいほど憎みます。［姜一九九〇：一一二］

セクシュアリティに関するエスニック・モデルの導入に話を戻すと、それは単にヘテロセクシュアルと同等の平等を要求するのみならず、「異性愛」の欠性対立項として措定された「ホモセクシュアル」というカテゴリー化を拒む形で産み出された「ゲイ」「レズビアン」という「自己執行的カテゴリー」〔伊野二〇〇一：一九〇〕への同一化を前提とするものである。この新しいカテゴリー化は、従来「異性愛」のみが常軌化されてきた社会の中で負わされてきたスティグマの払拭を目的とするものであるが、それは性質において対自的なものであるのか、それとも対他的なものであるのかによっていささか色合いを異にすることとなる。対自的な意味でのそれは、自己受容（肯定）とも換言しうるが、これはコミュニティを通じての「自助（self-support）」などの形で一定の程度獲得されるだろう。これに対して対他的な意味でのプライドは、コミュニティの外に対しては承認欲求として現出し、コミュニティの内ではプライドを持つことを当為として要求することにつながりうる。かかるプライドへの訴求は、先述の「在日韓国人」エスニシティの例でも瞥見したように、時としてある種の「過剰さ」を呈することがある。例えば、本章の冒頭で挙げた「特例法」の事例はセクシュアリティがジェンダーと交錯する領域に属するが、そこでは、次のようなことが主張されていることに注意が喚起される。

> 「性別越境」を異常とみなす「世間の視線」から隠し逃げ回るのではなく、あるいはお情けを受ける「弱者」に自らを貶めず、その視線に寛容性を培うことが、近道ではなかろうか。当事者が「オスの女性」「メスの男性」という「トランスジェンダー」としてのプライドを持つことこそが、その克服の第一歩だろう。〔田原二〇〇三：一九九f〕

この論者は特定の法制定の推進を「旧秩序や権力におもねたり［ママ］」、同じ当事者、あるいはセクシュアルマイノリティの仲間に困難を背負わせる行為」であると断じるが、上記のような「プライド」を背負ったカミング・アウトを「非当事者への説得力」を持つために必然的なものとして位置づける主張には、既に批判的に検討されたレイモンドにおける過剰な公的コミットメントの要求との平仄を見て取ることができる。[15]

次に「人種（race）」とジェンダー／セクシュアリティとの関係に目を転じるが、これらの相互関係の中に跼蹐する問題の複合性は、以下のエピソードに凝縮された形で示されているので、少々長くなるが、そのまま引用することとしたい。

> サンフランシスコのカストロストリートは、たしかに異性愛者に拮抗して同性愛者の権利平等を勝ち取った街だったが、それは、同性愛者の中での平等を意味しなかった。あえて言えば、それは白い肌を持つ共和党支持の男性の同性愛者にとっての平等だ。そのほかの人々は、彼らが築くヒエラルキーの下部に配置された。ヒエラルキーの下層はアジア系が占め、また女性はつねに男性の下に位置された。すなわち、アジア系のレズビアンが最下層である。頂点に立つ白人同性愛者の男性は、香港あるいはフィリピンの移民のレズビアンが、どれほど貧困に苦しもうが、街路でレズビアン嫌いの男に殴られようが、ともに闘う姿勢はまず見せない。寧ろ、自分たちの富の蓄積に忙殺されている。また、ベトナムやタイの男性同性愛者に関しては権利などには無知なかわいい〝坊や〟であってほしいと思う一方で、自分たちが異性愛者から二等市民扱いされるこ

とには憤激する。［井田一九九七：八五―八六］

右のエピソードは、大変分かりやすい形で現実を描写しているので、さらに贅言を尽くすまでもないように思われるが、以下では特に「人種」概念を法＝制度をめぐる議論へと導入した「批判的人種理論（Critical Race Theory／以下、ＣＲＴ）」に関する検討をもって問題系の析出に代えることとしたい。この理論は「批判的法学研究（Critical Legal Studies／以下、ＣＬＳ）」とラディカル・フェミニズムを母胎として育まれたものであり、ＣＬＳからは「法の不確定性（legal indeterminacy）」という考え方を、ラディカル・フェミニズムからは「権力と社会的役割の構成の関係」という考え方を知的資源として継受したものとされる。本章の問題関心に沿った形でその特徴を析出するなら、リベラリズムに対する批判や「修正主義的歴史観（revisionist history）」、そして「物語（storytelling）」や「ナラティブ（narrative）」の重視を挙げることができる［Delgado & Stefancic2001/Minda1995 : ch. 9］。

まずリベラリズムに対する批判と「修正主義的な歴史観」から敷衍すると、それはリベラルの「権利」志向に向けられたものであり、またブラウン事件（Brown V. Board of Education）に対する歴史的評価をめぐって展開されるものである。批判的人種理論の論者は、権利を本質的に疎外的（alienating）なものとして捉えた上で、かかる権利主張を中心として展開された「市民権運動（civil rights movement）」とその中核をなすブラウン事件を従来のように解放的モメントとして捉える歴史観を斥け、（驚くべきことに）そのような運動の潮流が単に白人エリートの自己利益に起因するものでしかないことを主張する［Delgado & Stefancic2001 : 7］。

このようなリベラルな権利の主張に代わる社会変革の手段としてＣＲＴが重視するのが、上述の「物語／ナラティブ」である。それらは、①これまで無視されてきた新しいリアリティへの窓を開き、②従来支配的であったマジョリティの側の物語に対抗する物語（counter-storytelling）を提供することで、③マジョリティの側から強いられてきた沈黙の治癒（cure for silence）の効用を有するものとされる。若干の敷衍を施すなら、かかる主張は、物語／ナラティブを法的次元においてレレヴァント（relevant）な事柄として捉えるものであり、個人的あるいは想像上の経験に基づいた法へのアプローチを採用するものであると言うことができる。伝統的な法的言説の中では失われてきた「異なった声（different voice）」を同定するためにこそ、物語やナラティブの技法は用いられるのである。この技法は、特に個人的な差別の経験や法的ディスコースの中では無視されてきた「被害者の物語（victim’s story）」を明るみに出す働きをするとされる。ＣＲＴは、法は他者との関係の中で読まれるべき、多くの物語の中の一つの物語に過ぎないことを主張し、個人的な経験に基づいたオルタナティヴな物語を語ることによって、近代法学の思考様式を暴露しようとしているのである。

このように法的次元へと物語／ナラティブの技法を導入する論者たちに対してリチャード・ポズナーは以下のような痛烈な批判を寄せている［Posner2000 : ch. 10］。ポズナーは、彼らによって書かれる物語が極度に「説教臭い（didactic）」ものであり、また虐げられた者の苦しみを読者に鮮明に意識させる物語が選り好んで語られることを指摘する［ibid.: 348］。また、その中で描かれるマイノリティや女性は、感情的な語り口やレトリックでしか語れぬ者として描かれがちであり、これは自らをゲットーに押し込める所業にほかならないことを指摘する。――ポズナーによる上記の批判にはいささか主観的な点も見られるが、「感情的であること（emotionality）」、つまり、物語やナラティブに依拠した議論が、「感情を」客観的に対象化して語るのではなく「感情で」語ることへと陥ることへの懸念を示している点では一定の傾聴に値するように思われる。ＣＲＴに依拠した形で人種カテゴリーをジェンダー／セクシュアリティの領域に導入する場合、そこで斥けられているのは、リベラルな観点からする権利への志向性のみならず、合理的論証とそれに基づく「普遍主義的正当化（universal justification）」への志向性である。確かに「法の支配」の中でこれまで流通してきた言説は、実際の判決やその中で見られるレトリックにおいて構造的にジェンダー／セクシュアリティに関するリアリティを看過してきたことは認めうるが、そのような事実の記述的側面からただちに普遍主義的正当化要請が棄却されるべきであるという規範的言明が導き出されるわけではない。説得力獲得の「戦略」と、規範的正当化を支える「理論」とは本来、別個の次元に属するものであり、公共性の概念的基礎へのコミットメントはただちに棄却されるものではない。また、かかる言説を「制度」的次元へと媒介させる形での「言説の公共化」は不可欠のものであり、そのような意味での公共化は、狭義・広義の両面を兼ね備えた公共性によって裏打ちされなければならないはずである。以上の議論を短い言葉でまとめるなら、ここでは「二重の意味での公共化」が要請されるのである。

四　空疎さ（差異の脱構築）

以上で検討してきたようなアイデンティティ／差異に関して本質化傾向を持つ諸主張に対しては、

反本質主義に基づく脱構築の立場から根源的な批判がなされており、このような形での批判は「フェミニズム理論の中で一つのパラダイム・シフト」［上野二〇〇一：一六三］を起こしたものとされている。フェミニズムの文脈におけるアイデンティティ／差異の問題に関し、かかる立場が最も鮮明な形で打ち出されたのは周知の通りジュディス・バトラーの『ジェンダー・トラブル』においてである［Butler1990］。バトラーは、アイデンティティ／差異が「自然的与件」として本質的なものであるのではなく、あくまで社会的に「構築されたもの」、すなわち「非本質的なもの」であることを論じた。そこでは従前自明とされてきた「女である」というアイデンティティの基盤をなす「女らしさ」といった社会的な性差＝ジェンダーのみならず、生物学的に決定づけられているとされてきた身体的な性差＝セックスでさえも、社会的・歴史的に構築されてきたものであることが明らかにされている。このようなバトラーの主張の中核は、アイデンティティとは「内的な本質や身体の表面に外側から刻印された何かとしてではなく、反復される言説のパフォーマンスによって恣意的に構成されるものである」［齋藤一九九七：一六四］という形で明確に定式化される。

かかる非本質主義・社会的構築主義に立脚するバトラーの主張は、政治的次元においては次のように表現される。すなわち「フェミニズムの主体というアイデンティティなど、決してフェミニズムの政治の基盤としてはならない」［Butler1990：訳二六］という形で。バトラーは、フーコー的な意味での「権力」が遍在する社会において、それに抵抗するためには、オリジナルな規範に攪乱（subversion）をもたらすパロディ的なパフォーマンスを行うことしかないことを説く。彼女自身の言葉によると次の通りである。

権力は撤回できるものでも、否定できるものでもなく、ただ配備しなおすことができるだけである。事実わたしの見方では、ゲイやレズビアンの実践に関する妥当な読みは、その焦点を、権力の攪乱的でパロディ的な再配備におくべきであって、権力のまったき超越という不可能なファンタジーにおくべきではない。［ibid.: 訳二二〇］

以上のようなバトラーの主張に対しては、マーサ・ヌスバウムから激烈な批判がなされた。そこでは「合衆国の新しいフェミニズムにおける悲劇」は、その主張の中から「公的コミットメントの感覚」が失われてしまったことであると説かれる。ヌスバウムは、バトラー及びその議論に影響されたフェミニストたちが「象徴的な言説の政治（symbolic verbal politics）」を唯一の可能な政治であるとする傾向を、「危険な静観主義（dangerous quietism）」「最新流行の敗北主義（hip defeatism）」として厳しく斥け、バトラー流の主張は、現実に存在する抑圧構造そのものを揺さぶる力を持たないものであるとまで言い切る［Nussbaum1999a］。

このヌスバウムによる批判は少なからぬ反響を呼んだようで、同雑誌の後発号にスピヴァクをはじめとする多くのフェミニストたちからの反論が寄せられ、それに応答する形でのヌスバウムからの再反論も掲載された。しかし、この論争においてはバトラーの文体の晦渋性やヌスバウムの「毒舌ぶり（vituperative）」に焦点が当たってしまい、ヌスバウムが提起したそもそもの問題については十分な議論が尽くされていない感がある。

このヌスバウムの問題提起を引き取った形で言うなら、バトラーの『ジェンダー・トラブル』の中で「法」という言葉に対する言及は都合二〇〇回以上にわたってなされているが、そこでの「法」の語用は、精神分析の観点からするラカンのいわゆる「父の法」やカフカの寓話「掟のまえに」に対するデリダの読みから敷衍された「法のまえの主体」といった形のものとしてであり、それらの議論が現実に存在する実体的な法＝制度にコミットした主張といかにして結びつけられるのかは明らかではない。そこでは、本章の冒頭で述べた「狭義」の公共性へのコミットメントが欠落している。

また、バトラーには、ドラッグ（drag）などをパロディ的な攪乱の戦略として重視する傾向が見られるが、この点に関しては「キャムプ」と題された小文の中で伏見によって示された視点は示唆的である。「キャムプ」とは「抑圧された状況の中でゲイたちが生み出した物事を斜に見る構え、大仰な言い回し、誇張されたパロディ……などの感性」（伏見による）を意味するものであるが、伏見は次のようにその限界性を指摘している。

> 最近感じるのは、キャムプからは、ある種のパロディと、そこから若干の広がりを持つ程度の表現にしか行き着かないのではないか、という限界だ。キャムプはある固定的な状態を脱構築するのには有効であるが、それはオリジナルあってのパロディであり、脱構築であったりするわけだ。……キャムプに頼っている人の言動を見ていると、結局、脅し技（奇をてらったことを言って、その場を驚かせる）や、嘲笑（同じ土俵に乗らず、笑うことで相手のメタ的位置に立とうとする）、あるいは磁場を反転させるディスクール（主流に対して逆立ちした内容を主張することで、一瞬の鮮やかさを

演出する）を弄するだけで、現実には何も実になることを言説化できていないことに気付く。［伏見二〇〇四：二〇三］

バトラーの政治的次元における戦略とその効果に関しては、さらに彼女が立脚する反本質主義の立場を掘り崩す形での批判も存在する。例えば、反本質主義の有するアイデンティティ一般への拒絶が、あらゆるアイデンティティからの離脱を当為とする「ディアスポラの勧め」へとつながることが懸念され[16]、かかる当為の要請は「文化その他の資源において恵まれた者には妥当しうるとしても、現にディアスポラを生きることを強いられている人びとの経験や感情に背くのではないか」［齋藤一九九七：一六六］という疑問が呈される。また、そこでは抑圧的に作用する形で常軌化された「正常なアイデンティティ」のみならず、それに抵抗する解放的なポテンシャリティを持ったアイデンティティをも肯定しえないというディレンマが発生することとなる。

バトラーの主張における反本質主義の主張は、「女」というアイデンティティのカテゴリー化に対してだけにとどまらず、レズビアンなどのセクシュアル・マイノリティのカテゴリー化に対しても本来適用されるべきものであると理解しうる。この主張から導出されうる帰結として、一切のセクシュアル・アイデンティティに基づく連帯への懐疑も危惧され、かかる帰結の危険性に対しては、その当事者からも少なからぬ批判が寄せられている［風間・河口・ヴィンセント一九九七：一五四、二二一］。

また、構築主義を徹底した場合に危惧される問題の一つとして、トランスセクシュアルの抱える「性別違和」に対し、それが社会的に構築されたものであるのだから、そのような「違和」は性別二元的秩序の一掃された理想的状況においては解消さるべきものであり、その点からするとホルモン療法や性別適合手術といった形での医療テクノロジーによる身体への介入は差し控えられるべきではないのか、という主張がなされることが懸念される。しかし、これは一見、中立的な思考実験的体裁をとりながらも、現に感じている「身体的違和（somatic dysphoria）」に関して、当事者の側にあまりにも重い説明責任を負わせる点で、ある種の「暴力性」を有するものであると言わざるをえない。[17]

以上のような形でバトラーをはじめとするジェンダー／セクシュアリティの領域での構築主義に関する問題点を瞥見してきたが、バトラーらの主張は、前節において既に綿々と批判に晒してきた本質主義を覆す点では、極めて有益なものであることは再度確認されても良い。しかし、かかる構築主義の立場は、アイデンティティ／差異の被構築性に関する「定性的」な報告を行うのみで、それらの構築の強度に関する「定量的」情報に関しては、無関心である傾向が見られる。[18] また、被構築性に関する事実的記述からただちにアイデンティティ／差異からの離脱・浮遊が当為として導かれるわけではなく、仮にそのような当為を主張するなら、そこでは事実からただちに当為を導出する方法二元論的錯誤が犯されていることが指摘されなければならないだろう［cf. 黒田一九九二］。さらに続けて言うなら、そこでは、やはり「狭義／広義」ともに公共性の充足は曖昧であり、彼女の議論が、かかる意味での「空疎さ」を免れえているかは疑問である。

五　リベラルな公共性へ向けて

以上のような形で、アイデンティティ／差異を考える際に本質主義と構築主義をめぐって不可避的に生じるカテゴリー化や集団的アイデンティティの問題は、リベラルに対抗する形で展開されてきた「共同体論（communitarianism）」による問題提起の変奏形態の一つであるように思われる（どちらがオリジナル・スコアであるかは問わないが）。周知の通り、ロールズの『正義論』に対する応答という形でサンデルによって端緒を開かれたリベラル／コミュニタリアン論争は、ロールズが「正義の善に対する優先」という形で示したテーゼ、及びそのテーゼと論理的連関性を有する形で描出された「自我（self）」のあり方に対し、「共同体論」と「他称」される論者から批判が提出される形で展開した議論の系である。共同体論者は、ロールズによって描出された「リベラルな自我」のあり方が反省能力を欠く「負荷なき自我（unencumberedself）」であることを批判し［cf. Sandel 1982］、それに代位するものとして「自己解釈的存在」（Taylor）や「物語的存在（story-telling animals）」（MacIntyre）などの人間学的基礎に基づく自我観を提唱した（本章の「はじめに」、及び第二節後段の「物語」にまつわる部分を参照）。

ここで焦点化されているのは「個」と「共同性」をめぐる問題であり、それは哲学史の中で長きにわたって繰り返されてきたモチーフをその淵源とするものである。すなわち「普遍論争」である。哲学史上のこの論争は、「個」と「普遍」のいずれをもって実在とするかを争ったものとしてではなく、むしろ「個体を限定された（definite）ものと見るか、それとも汲み尽くしがたく非限定（indefinite）なものと見るか、という対立にその由来を持つもの」であり、ここでの実在論の立場はアリストテレスにまで遡って「同胞の認定というきわめて実際的な、ときに生臭くさえあることがらにすくなくともその淵源のひとつを持つもの」として描き出されるものである［坂部一九九七：六九］[19]。

アイデンティティ／差異の問題は、特にその「過剰さ」を表す面において、この「同胞の認定」、つまり「共同性」の問題と相接するものであり、そこでは「啓蒙とは何か」の中でカントによって行われた議論が参照される。カントは「全共同体（ganzes gemeines Wesen）」の一員としての理性の使用と、部分的な「共同体」における理性の使用を「理性の公的使用／私的使用」という形ではっきりと弁別しているが、これは「公共性」を「共同性」と峻別し、前者が後者に還元されえないことを示しているものとして捉えられるものである［cf. Rawls1993 : lecture IV］。以上の点は、「公的コミットメントの要請」や「プライド」などの「過剰」という形で現れるジェンダー／セクシュアリティの領域における問題系において銘記されるべき「公共性」の哲学的概念基礎、つまり「広義」の公共性の一部をなす。

また次にいわゆる「狭義」の公共性に目を移すと、そこでは「解決」とその「経路」という点に目が向けられる。まず、アイデンティティ／差異の問題系に関しては、「解放（emancipation）」といった形での全体的解決は、原理的に不可能であることが確認されなければならない。そもそも「解決」とは「問題」の所在が同定できてこそ初めて可能になる営為であり、問題の設定は常に触知しうる具体的なもの、つまり現に存在する制度に対応する形で現実的に可変的なものでなければならない。全体的解決論者は、コミュニティという仮象に基づいて議論している限りにおいて、その議論の構制もまた、仮構的なものにとどまらざるをえないのである。現実的に存在しているのは、上記に述べた具体的に触知しうる問題の束（問題群）を通して垣間見られる像でしかありえない。

最後に、既に「全体的解決」の不可能性という形でも述べた通り、ジェンダー／セクシュアリティの領域における問題解決を構造的な男性支配や家父長制イデオロギーの転覆に帰す思考様式は、いわゆる「社会陰謀説（social conspiracy theory）」とある種の相同性を有するものであるようにも思われる。オッカムのそれに因んだ「ハンロンの剃刀（Hanlon's Razor）」[20]においては、「愚かさゆえにと説明できることを悪意に帰してはならない（Never attribute to malice that which can be adequately explained by stupidity.）」ことが説かれるが、現状での不公正・不平等は、何者たちかが悪意の下に共謀したあげくに構築されてきた、あるいはされているものというわけではなく、それらは単純にリベラルをさえも含む社会の大多数が過去から現在に至るまでの間「愚か」であることの証左にほかならず、それ以上でもそれ以下でもない。仮に愚かであるという指摘がなされるなら、その指摘は正鵠を射ているが、そこに邪悪な意思の存在を推定する必要はない。人間が過ちやすく愚かな有限の存在であることはあまねく知られた真理である。しかし過ちやすさは、その過ちが不変であることを含意しない。邪悪な意思は、その定義上、そもそも残滅の対象となりうるが、愚かしさは自らの努力によって克服されうる。リベラリズムは、いくつかの点で愚かであったかもしれないが、しかし、その過ちは改善されうる。ノイラート（Neurath）の船の比喩に見られる通り、社会的意味秩序と実体的諸制度から構成されるわれわれの船は、ドックに入って一挙全面的に改修しうるものではない。なんとなれば、そのような実在のドックはどこにも存在しないからである。われわれはその船に乗ったまま、少しずつそれを補修してゆくしかないのである。そして、何時の日か船そのものが以前のそれとは全く異なったものとなる日を迎えることができるかもしれないが、そこに至るまでの道筋はいまだ遼遠である。

文献

井田真木子（一九九七）『もうひとつの青春／同性愛者たち』文春文庫

伊野真一（二〇〇一）「構築されたセクシュアリティ」上野千鶴子編『構築主義とは何か』

井上達夫（二〇〇三）「フェミニズムとリベラリズム」『ジュリスト』一二三七号

石川准（一九九九）『人はなぜ認められたいのか／アイデンティティ依存の社会学』旬報社

上野千鶴子（二〇〇一）『上野千鶴子対談集／ラディカルに語れば……』平凡社

——（二〇〇二）『差異の政治学』岩波書店

宇佐見誠（一九九三）『公共的決定としての法』木鐸社

大沢真理（二〇〇二）『男女共同参画社会をつくる』日本放送出版協会

大島俊之（二〇〇二）『性同一性障害と法』日本評論社

岡野八代（二〇〇一）「リベラリズムの困難からフェミニズムへ」江原編『フェミニズムとリベラリズム』勁草書房

風間・河口・ヴィンセント（一九九七）『ゲイ・スタディーズ』青土社

加藤秀一（一九九八）「フェミニズムを半分だけ離れて」『思想』八八六号

河口和成（二〇〇三）『クイア・スタディーズ』岩波書店

姜信子（一九九〇）『ごく普通の在日韓国人』朝日文庫

黒田亘（一九九二）『行為と規範』勁草書房

齋藤純一（一九九七）「表象の政治／現れの政治」『現代思想』二五巻八号

坂部恵（一九九七）『ヨーロッパ精神史入門』岩波書店

谷口功一（二〇〇一）「「公共性」概念の哲学的基礎・序説」『国家学会雑誌』第一一四巻五・六号（のち『ショッピングモールの法哲学』白水社、二〇一五年所収）
――（二〇〇四）「「性同一性障害者の性別の取扱いの特例に関する法律」の立法過程に関する一考察」『法哲学年報』
田原牧（二〇〇三）「リレー連載「逆風に立つ」見失ったプライドと寛容性「性同一性障害特例法」批判」『情況』二〇〇三年十月号
辻村みよ子（一九九七）「性支配の法的構造と歴史的展開」高橋他編『岩波講座　現代の法（第一一巻）ジェンダーと法』岩波書店
筒井真樹子（二〇〇三）「消し去られたジェンダーの視点――性同一性障害特例法」の問題点『インパクション』一三七号
二宮周平（二〇〇三）「戸籍の性別記載の訂正は可能か（2）特例法を読む」『戸籍時報』五五九号
野崎綾子（二〇〇一）「Iris Marion Young, Inclusion and Democracy」『国家学会雑誌』第一一四巻三・四号
――（二〇〇三）『正義・家族・法の構造転換』勁草書房
野宮亜紀他（二〇〇二）『性同一性障害って何？』緑風出版
長谷川清美（二〇〇三）「抹消される多様性・あいまいさ」『世界』八月号
針間克己（二〇〇一）「新時代のジェンダー概念」『こころとからだの性科学』星和書店
東優子（二〇〇三）「トランスジェンダーと性別と医療」竹村和子編『ポスト・フェミニズム』作品社
福岡安則・金明秀（一九九七）『在日韓国人青年の生活と意識』東京大学出版会
伏見憲明（二〇〇四）『ゲイという［経験］』ポット出版
細野実（一九九七）「リベラル・フェミニズム」江原・金原編『フェミニズム』新曜社
水田珠枝（一九七八）『女性解放思想史』筑摩書房
吉澤夏子（一九九七）『女であることの希望／ラディカル・フェミニズムの向こう側』勁草書房

立命館大学人間科学研究所（二〇〇三）「対峙する「こころ」と「からだ」／性同一性障害の当事者に聴く」『対人援助のための「人間環境デザイン」に関する総合研究プロジェクト』

Butler, Judith, 1990, Gender Trouble, Routledge（竹村和子訳『ジェンダー・トラブル』岩波書店）

――1999, *Preface in Gender Trouble*, Routledge（高橋愛訳「『ジェンダー・トラブル』序文（一九九九）」『現代思想』二〇〇〇年十二月号）

Califia, Pat, 1994, *Public Sex*, Cleis Press（東玲子訳『パブリック・セックス』青土社）

――1997, *Sex Change : Transgender Politics*, Cleis Press

Delgado & Stefancic, 2001, *Critical Race Theory*, New York UP

Elstain, Jean, 1993, *Democracy on Trial*, House of Anansi Press Ltd.（河合秀和訳『裁かれる民主主義』岩波書店）

Fraser, Nancy, 1996, *Justice Interruptus*, Routledge（仲正昌樹監訳『中断された正義』御茶の水書房）

Gilligan, Carol, 1982, *In a Different Voice*, Harvard UP

Hirschman, Albert, 1982, *Shifting Involvements : Private Interest and Public Action*, Princeton UP

Hooks, bell, 1984, *Feminist Theory : From Margin to Center*, South End Press

Kant, I. 1785, *Grundlegung zur Metaphysik der Sitten*

Kymlicka, Wil, 1995, *Multicultural Citizenship*, Oxford UP（角田猛之他監訳『多文化時代の市民権』晃洋書房）

Mansbridge, Jane, 1998, Feminism and Democracy, in Anne Philips, *Feminism & Politics*, Oxford UP

Minda, Gary, 1995, *Postmodern Legal Movements*, New York UP

Mouff, Chantal, 1993, *The Return of the Political*, Verso（千葉真他訳『政治的なるものの再興』日本経済評論社）

Noddings, Nel, 1984, *Caring : A Feminist Approach to Ethics and Moral Education*, Berkeley : University of California Press

Nussbaum, Martha, 1999a, The Professor of Parody : The Hip Defeatism of Judith Butler, *The New Republic*, February 22

1999（論争掲載分は´ Martha C. Nussbaum and Her Critics : An "Exchange", The New Republic, April 19, 1999）
——1999b, *Sex and Social Justice*, Oxford UP
Okin, Susan, 1999, *Is Multiculturalism Bad for Women ?*, Princeton UP
Pateman, Garole, 1988, *The Sexual Contract*, Stanford UP
Posner, Richard, 2000, *Law and Literature*, Harvard UP
Raymond, Janice, 1979/1994, *The Transsexual Empire : The Making of She-Male*, Teachers College Press
Rawls, John, 1993, *Political Leberalism*, Columbia UP
Rich, Adrienne, 1979-85, *Compulsory Heterosexuality and Lesbian Existence*, NY : W. W. Norton & Co（大島かおり訳『血・パン・詩』晶文社）
Segal, Lynn, 1994, *Straight Sex : The Politics of Pleasure*, London : Virgo
Taylor, Charles, 1994, *Multiculturalism*, Princeton UP（佐々木毅他訳『マルチカルチュラリズム』岩波書店）
Young, Iris, M., 1997, Difference as a Resource for Democratic Communication, in Bohman & Rehg(eds.), *Deliberative Democracy*, MIT Press
——2000, *Inclusion and Democracy*, Oxford UP
Whittle, Stephen, 2002, *Equality and Respect: transsexual and transgender rights*, Cavendesh Publishing Ltd.

註

（1）［第八〇国会／参議院内閣委員会一二号／昭和五二年五月一五日／内藤功発言］からの引用。発言内で引かれている法諺は、より正確には十八世紀のスイスの法学者 Jean Louis Delolme がウォルポール期のイギリス議会を評した「議会は何事をもなしうる、女を男にし、男を女にする以外は」という言葉に拠るとされる（Constitution de l'Aangleterre1771）。戦後の第一国会以来今日（さし当たって第一五九通常国会）に至るまでの衆参両院において、この法諺は実に五九回にわたって引照・発言されており、それらの中で「女を男にし、男を女にする」以外のすべてをなしうる全能者として引き合いに出される対象は「多数党、自民党、総理、官僚、両院議長」とまことに多岐にわたる。ここでは「女を男にし、男を女にする」ことがいかに不可能事の代表として強固に観念されてきたか、そしてジェンダー／セクシュアリティにまつわる事柄がいかに強固なバイアスの下で見られてきたかが、端なくも例証されているように思われる。

（2）［針間二〇〇一］、［野宮二〇〇三］及び［谷口二〇〇四］を参照。

（3）このような疑問に対して極めて明快な回答の一つを提示しえた希有な例として、特に「野崎二〇〇三」。

（4）さしあたって「公共的決定」とは、国会による法律の制定、行政庁による行政立法・行政行為、裁判所による請求の認容・棄却、もしくは有罪・無罪の決定といった形で、独占・集中された語の本来の意味での「権力」を背景としつつ、制度的回路に則った形でなされる公権・有権的決定を意味することとしたい［宇佐美一九九三］。

（5）この概念的基礎づけに関しては、すでに別稿［谷口二〇〇一＝二〇一五］において包括的な議論を展開したので、ここでは詳細にわたる議論の展開は紙幅の制限上割愛するが、そこでの概念的基礎は、①共同性への非還元性、②離脱・アクセス可能性、③公開性、④普遍主義的正当化可能性という四つのテーゼを「公共性」の構成要素として措定するものである。

（6）かかる意味での批判は、典型的にはルソーに向けられたものとして理解されうるだろう。［水田一九七八］の特に第四章で展開されるメアリ・ウルストンクラフトによるルソー批判などを参照。

（7）平等派としては、蔑称としての「リベラル・フェミニズム」を想起すれば足りるだろう。また、差異派に関しては、ギリガン以外にも［Noddings1984］などがその典型として挙げられる。ノディングスに対する直接的批判としては、［Nussbaum1999b］を参照。

（8）「予言的」な形で、かかる状況を描出したものとして、フレイザーは［Hooks1984］を挙げている。

（9）この点でいわゆる「男女共同参画基本法」をめぐって［上野二〇〇一］に収められた大沢真理との対談、及び［大沢二〇〇二〕は極めて示唆に富んでいる。

(10) ここではレズビアン・フェミニズムそのものの当否について特に論じているわけではないことを注記しておく。池田弘乃氏の指摘によるなら、「レズビアン・フェミニズムの趣旨が「いかにウーマン・ラヴィングを可能にするのか」という点に求められるものであるなら、それは分離主義につながるのではなく、むしろ「男性」と共有されるべき問いである」と言えるかもしれない。この点についての検討は稿を改め他日に期す。

(11) 前掲注(2)を改めて参照。

(12) カソリック神学において、道徳的に要請される以上の善行を指す語として用いられる。

(13) 「階級(class)」に関しての議論は、本章では紙幅の制限上省略する〔cf. Fraser1996〕。

(14) かかる「民族意識」に関して統計的手法を用いた客観的調査としては、特に〔福岡・金明秀一九九七〕を参照。

(15) この事例に関しては、「プライド」と相似的に「意識の高低」を論じる向きも散見される〔筒井二〇〇三：一七九〕。

(16) この懸念は、スティーブン・ホイットル〔Whittle2002 : 73〕によって引かれたリン・シーガル〔Segal1994〕の次のような言葉に端的に表明されている。――「私たちは、「即興劇場」のように、自分の思うままにパフォーマンスやマスカレイドを選ぶことはできない。自分を表現する際には、大抵の場合、長い間慣れ親しんだ、意味のある行動しか演じることはできない。性差別的な異性愛中心の文化における規範や個人的な利害関係によって私たちの自己成型がなされているとどんなに強く認識しても、これは変わることはない。実際、日常的なパフォーマンスが満足できるものであろうと抑圧的なものであろうと。ジェンダー化された「アイデンティティ」に異議を申し立てることなど、私たちの手には負えないものなのかもしれない」。引用部分の訳文に関しては、『ユリイカ』三九九号所収の川田潤によるものを参照。

(17) 例えば、石川准の次のような形での言明。「完璧な男性を、完璧な女性を求める社会であればあるほど、性転換手術〔ママ〕を希望する人は多くなるでしょう。逆に性に関して規制の緩やかなところでは、手術まで希望する人の数は減ると思われます」〔石川一九九九：一八九〕。また、「レズビアン・フェミニズム」の観点(?)からなされる以下のような形での問い掛け。「ジェンダー〔ママ〕がなくなって、男、女の分割もなくて、誰でも自分が、こころも、からだも望むようにしていいなとなったら、性差はなくなるのか。それとも何か残るのか、どうなんでしょうか?」

［立命館大学二〇〇三：一三七］

（18）「定性／定量」の視点に関しては、安藤馨氏より貴重な御教示を受けたことを謝して記しておく。

（19）このような捉え方に対しては、フェミニズム内部にも異なった立場がある。加藤は、本質主義／構築主義をめぐる議論を普遍論争の文脈において解釈する［加藤一九九八：二〇〇］のに対し、上野は、そのような形で「唯名論／実在論」の枠組みに本質主義論争を嵌め込むことを単なる「戯画化」として斥けている［上野二〇〇一：二八六］。本章では加藤に与する。

（20）Eric Raymond の Jargon File を参照。

第五章　性同一性障害特例法の立法過程

二〇〇三年七月十日、第一五六国会・衆議院本会議において「性同一性障害者の取扱いの特例に関する法律」（以下、「特例法」）が満場一致で可決成立し、同年七月十六日公布された（平成十五年法律第百十一号）。この特例法は、その後、実際の運用上の施行規則を定めた厚生労働省令（第九十九号）[1]の制定を経て、公布一年後の二〇〇四年七月十六日に施行され、同日以降、戸籍上の性別変更の申し立てが可能となった[2]。本章は、この特例法の成立過程をその前史に遡りつつ瞥見し、成立に至るまでのプロセスと法内容そのものに関して、一定の規範的検討を試みることを一の目的とするものである。以下ではまず、本論に入ってゆく前の準備作業として、そもそも「性同一性障害」とは何なのかを簡単に見ておくこととしたい。

一　準備作業、及び前史

「性同一性障害（gender identity disorder）」とは、世界保健機構のICD-10、及びアメリカ精神医学会のDSM-IV-TRなどの国際診断基準によって定義づけられる精神医学上の疾患名である。DSM-IV-TRによると以下の四つの診断基準を満たしたものが性同一性障害と診断される。

①反対の性に対する強く持続的な同一感（他の性であることによって得られると思う文化的有利性に対する欲求だけではない）。

②自分の性に対する持続的な不快感、またはその性の役割についての不適切感。

③その障害は、身体的に半陰陽を伴ったものではない。

④その障害は、臨床的に著しい苦痛または、社会的、職業的または他の重要な領域における機能の障害を引き起こしている。

まず①は、具体的には、反対の性と同じような考え方や感じ方や行動パターンをする、手術[3]やホルモン治療によって反対の性になりたい、反対の性で社会的に暮らしたいといったことを指す。次に②は、ＭＴＦ（Male to Female の略で、男性から女性に性別を移行しようとする人／した人を意味する。逆はＦＴＭ）の場合は、ペニスや睾丸、ひげ、がっちりした体型、男性性を表すスーツなどに対する違和感や嫌悪感として、ＦＴＭの場合は、乳房のふくらみや月経、女性性を表すスカートなどに対する違和感や嫌悪感として表出するものを指す。③の「半陰陽」はインターセックス（intersex）とも言われるものであるが、これは性染色体、性腺（精巣や卵巣）、内性器、外性器などの身体的な性別が非典型的な状態を指すものであり、このような場合には性同一性障害のカテゴリーからは除外される。最後に④は疾患とすべきかどうか議論の分かれるような境界例に関する、疾患としての閾値を示している［野宮他二〇〇二］。わが国においては、後述の通り、二〇〇二年に日本精神神経学会が作成した「性同一性障害に関する診断と治療のガイドライン（第二版）」に沿った形での診断が行われている。

　このような医学的カテゴリーとしての「性同一性障害」とは別に、トランスジェンダー（transgender／ＴＧ）及びトランスセクシュアル（transsexual／ＴＳ）というカテゴリーが存在する。その用法は必ずしも一定してはいないが、大方の理解に従うなら、前者は元々「当事者達を中心に命名概念化され、発達してきた用語」であり、一九八〇年代末にヴァージニア・プリンス（Virginia Prince）が提唱した「反対の性別でいつも過ごすが、性別再割り当て手術は行わないもの」としてトランスジェンダリスト（transgenderist）にその起源を持つ。「この用語は、一九九〇年代に入りトランスジェンダーとして広がっていき、その意味するところは、当初の狭義なものではなく、性別再割り当て手術を行うものや、異性装者、時には同性愛者も含む、従来の性別概念の枠からはずれたものすべてを包み込む、包括的用語となりつつある」とされる［針間二〇〇一］。これに対してトランスセクシュアルは、トランスジェンダーのサブカテゴリーとして、特にその中でも手術を行った／行うことを望む者を意味するものとして用いられることもある。わが国においては、後述の通り、一九九八年の埼玉医科大学での国内初の性別適合手術（Sex Reassignment Surgery、以下ＳＲＳと略す）以来、報道等を通して「性同一性障害」やその英語名の略記である「ＧＩＤ」などがしばしば用いられているが、海外においては、一般的にこれからの名称よりも、トランスジェンダー／トランスセクシュアルなどの方が通常の使用に供されることを附記しておく。

　わが国では、一九六九年の所謂「ブルーボーイ事件」と呼ばれる裁判が法＝制度にまつわる形でこの問題の嚆矢であったと言える。この事件は、複数のＭＴＦの患者に対して睾丸摘出・陰茎切除・造膣手術を行った産婦人科医が旧・優生保護法違反で刑事責任を問われたものである。[4] これ以降、「優生保護法違反」という結論だけが一人歩きして、わが国における性同一性障害の治療は長らくタブー視されてきた。その後、三十年近くの歳月を経て、一九九七年、日本精神神経学会が「性同一性障害に関する答申と提言」を発表し、翌一九九八年十月に埼玉医科大学において国内で公式の医療としては初のＳＲＳが実施された。この「答申と提言」は、二〇〇二年に、より現状に即した形で先述の「第二版」へと改訂されている。わが国において「性同一性障害」という言葉自体が社会的に一定の認知を以て迎えられたのは、上記一九九八年の国内初のＳＲＳに関する新聞紙上等マスコミによる報道を通じてであり、爾来六年の歳月を経て今回の立法へと至ることになったのである。

二　立法過程

立法者の側から当事者及び専門家への接触が開始されたのは、おおよそ二〇〇〇年九月からで［針間二〇〇〇］、最終的な特例法の成立に至るまでに約三年の歳月が費やされている。しかし、与党の「党内審査」から最終的な法律の公布までの期間を見た場合、二カ月弱のタイムスパンしか存在せず、また議会における公式のプロセスは衆議院本会議での可決に至るまで、僅か十日間しか存在しない。以上のことからは、この法律が異例なまでの速さで成立したことがよく見て取られる。特例法と同様に議員立法の形を取った他の立法ケースと比しても、その速度には顕著なものがある、と言えるだろう。[5]

法案の成立過程は、国会の常任委員会（法務委員会）と本会議での公式の回路に則ったものと、それ以前の各政党内での党内審査などの非公式の回路に則ったものからなる。（特に非公開という点で）非公式な回路としては、与党・自由民主党内での党内審査過程が存在し、その過程は、「政務調査会部会（法務部会）」→「政務調査会審議会」→「総務会」という手順を踏むこととなる[6]（括弧内は特例法の場合の該当機関）。

今回の法制定をめぐる当事者の立法運動は、主に立法担当者に対するロビーイング及びマスコミに対する積極的な働きかけという形で進展して行った面もあるが、なかんずく与党内審査と両院法務委員会に対する働きかけに関しては、特筆すべき点があったように思われる。与党審査に関しては部会等の公開名簿に基づき、両院法務委員会に関しても同じく公開の委員会名簿に基づき、それぞれピンポイントでのロビーイングを合理的かつ効率的に行ったと言える（いずれの名簿もウェブ上で確認できる）。また、これらの全体を俯瞰した上で、政治力学上、決定的インパクトを有すると目されるフィギュア（当時の自民党参院幹事長であった青木幹雄議員）に対しての集中的なロビーイングも行われ、これは少なからぬ効果をあげた。[7]

本法案は与党・自由民主党の議員による議員提出法案であって、自民党政権下での内閣提出法案と同様、基本的に与党内審査を通った段階で（もちろん、連立与党内、及び対野党の非公式的な協議も完了した上での話ではあるが）ほぼ成立は決まっていたと言っても過言ではないが、与党内審査である先述の法務部会・政務調査会審議会・総務会で具体的にどのような論議が行われたかは、全くブラックボックスになっている。この点に関しては、大山礼子教授が夙に指摘している通り、日本の議会は委員会中心主義を採っているにもかかわらず、実質的な審議のレベルが外部からは不可視である与党内審査にズレ込んでいるわけで、公開性の確保という観点からは、何らかの形で審議過程が目に見える形になることが必要であるかのように思われる［大山一九九七］。また、これに加えて、現今の連立政権下においては、この審議レベルの一段下（委員会→党内審査）へのズレ込みを縦軸の不可視性とするなら、さらに連立与党内での協議という形での横軸の不可視性も存在し、以下に挙げるカール・シュミットの言葉は、複合性を増しつついまだに強い残響を残していることが確認される。

> 議会の本質的な活動は本会議の公開の討議の席で行われずに各種の委員会において行われ、しかもそれは議会の委員会とは限らず、本質的な決定はむしろフラクション指導者の秘密会議においてか、あるいは全く議会外の委員会において行われ、その結果あらゆる責任の転嫁と棚上げが起り、このようにして全会議制度は、結局のところ諸党派と経済的利害関係者の支配のための悪しき正面入口になってしまうということである。［Schmitt：訳二九］

特例法そのものに関する話に踵を返すと、この法案は国会法五四条の二に規定される「委員会提出法案」（「委員長提出法案」とも言われる）として法務委員会において提出されたが、このような形での法案の提出には次のような特徴があることが附記される。

> 委員会提出法案は、各党間の合意に基づいて提出されるものであるから、通常は、委員会の審査を省略して、直ちに本会議にかけられ、趣旨弁明又は趣旨説明後採決され、短時間で成立することが多い。議員立法の審査は、発議された議院では、本来、その法案をたたき台としていろいろの案を出し合い、議論を経て議院としての法案を作成していくためのものであるが、現実は必ずしもそのように取り扱われるとは限らない。［浅野・河野二〇〇三：一一三――強調筆者］

今回の過程においても、両院法務委員会では、法案発議者である議員による趣旨説明の後、直ちに採決が行われ、公開された形での審議は一切行われなかったが、この点についても先述の通り、実質的にも一定の公開性が確保されることが望まれる。

三　法内容をめぐる諸批判とその検討

今回の特例法は、戸籍上の性別の変更に際して、以下の五つの要件を定めている。

①二十歳以下であること
②現に婚姻をしていないこと
③現に子がいないこと
④生殖腺がないこと又は生殖腺の機能を永続的に欠く状態にあること

⑤その身体について他の性別に係る身体の性器に係る部分に近似する概観を備えていること

これに対しては、従来、大島俊之教授が提唱してきた所謂「大島三要件」（診断・ＳＲＳ・未婚）［大島二〇〇二］にもなかった要件、特に三番目の「子ども要件」をめぐって当事者及び専門家からも強い反対が表明された。この要件は、「子どもの福祉」を前提にしたものであると言われている［cf. 小野寺二〇〇三］。しかし、現実には性別の変更を認めない方が「子の福祉」の観点に悖るのではないか、という声は当事者のみならず、専門家からも上げられている所であり、子どもを作ったという現在では遡及的には変更不能な過去の事実を要件の中に組み入れるのは、少なからず問題のあることであるように思われる［二宮二〇〇三］。

今回のこの立法に対しては、特例法の成立直後から、素早い（もしくは拙速な）判断が時を措かずして様々に開陳されたが、以下ではそれらの中でも特に目についたもののいくつかを簡単に検討することとしたい。

▼同姓婚の否定？

特例法の成立後、先述の要件②「現に婚姻をしていないこと」に対しては「ジェンダーの視点」からすると次のような形での批判もなされた。

この要件の最大の問題点は、立法者に内在する同性愛者嫌悪（ホモフォビア）である。事後的に同性婚になる場合であっても、これを封じるような、社会にゆきわたる異性愛主義こそが、問題にされなければならない。これは同性婚法制が未整備であるから、という形式的な論議に還元されるものではない。しかしながら、立法に携わった議員はさることながら、立法運動に関与していた「性同一性障害」の当事者ですら、この点において意識が高かったとはいえない［筒井二〇〇三］。

この主張に見られるように、同性婚に関して本特例法の成立が同姓婚一般を否定したとする見解は、二重の点で錯誤を含む。第一に、憲法二四条第一項にも明示的に看取される通り、そもそもわが国の現行法制下では同性間の婚姻は制度的に予定されておらず、今回の婚姻要件を含む立法は、単に定められた枠内での整合的な法運用を行ったに過ぎない。したがって、これを以て立法者における積極的にホモフォビックな意思の存在を推定することは必ずしも正しくない。また、第二に今回の特例法においては、確かに同姓婚は肯定されてはいないが、そこで肯定され得なかったのは同姓婚一般の「権利」なのではなく、単に同法で規定される「性同一性障害」の当事者が例外的に許される同姓婚の「特権」なのである。また、別稿［谷口二〇〇四＝本書第四章］においても縷々述べた通り、このような形での社会的意味秩序に関してのみの報告に基づく「紋切り型的糾弾」は、現実の制度構想について何らの情報も提供し得ないことが危惧される。

▼立法ではなく司法的解決で良かったのでは？

特例法の成立に先立って、司法部に対する働きかけも行われていたが、平成十二年二月九日の東京高裁の判決では、「結局のところ、立法に委ねられるべきものと考えられる」と述べた上で、戸籍法一一三条中の「錯誤」の意味を拡大解釈した形での戸籍の性別訂正は否定された[8]。

この判決で裁判所も述べている通り、戸籍上の性別表記の訂正を認めると「関連する法令の適用上種々の重大な問題を惹起し、社会生活全般に極めて大きい影響を及ぼすことが予想され」る。老齢基礎年金の男女別の支給要件の規定に関する特例法の「附則三項」に見て取られるように、このような細かい制度が「男／女」という性別に沿った形で数多く固定化されている現実を勘案すると、司法的な判断では行政の全関係部局との間での調整を期待することは困難であるように思われる。殊わが国における司法は個別的事件への対応に任ずるものであり、複雑に絡み合った社会制度の総体を変更する手続きは存在せず、また本来的にかかる組織でもないことが注記される。

例えば、合衆国の判例を見ると、確かに「公共訴訟（public litigation）」といった形での訴訟類型が存在し、裁判官が広範な機能を行使して制度改革自体を指揮するケースも見受けられるが［大沢一九九八］、彼我における制度的差違も考慮するなら、今回の特例法において看取されるような問題は、「立法政策の問題」として解決されるに如くなしであったと思われる。また、これらとは別の問題として、戸籍制度は法務省民事局の所管事項であり、相対的にその変更に関しては「硬性」の分野であることにも注記される[9]。

以上の諸点から勘案しても、基本的には、ともすれば議会よりも、国民のコンセンサスの形成を慎重に待つという点で「保守的」なわが国の法曹によって運用される身分法の分野において、立法によって必要最小限の突破口を開いたことは大きく評価されて良いことではないかと思われる。

また、これ以外にも、日本の法制史上、初めて「性同一性障害」の文字が法文に明記されたことの意義は小さくない。実際「性同一性障害」にまつわる問題は、先述の一九九八年の埼玉医大での手術までは、その存在の社会的可視性という観点からするなら、ほとんど認知されていなかったわけであるが、今回の立法化で法文に明記されることによって、行政窓口での対応をはじめ、もはや不知はこれを許されないという状況になったという点での象徴的意味は、いかに強調しても過ぎることはない。

最後に蛇足ではあるが、現実問題として、参院の議員提出法案が第一五六国会では僅か二件しか成立していないこと（基本的に内閣提出法案よりも成立は困難）、継続審議や廃案になった場合は、通例、次に日の目を見るのはかなり先になってしまうこと（場合によっては十数年）、あるいはイラク特措法絡みの僥倖とも言える会期の延長は誰にも予想できない事態だったこと、などに鑑み合わせると、不満足な内容を含む法案ではあるが、いったん成立させて事後に見直しを求めることを視野に入れた上での立法化は時宜を得たものであったと言えるだろう。特例法には、「附則二項」に三年後の見直し条項が明記され、また、衆院法務委員会においても「本法律案は、性別の取り扱いの変更の審判の請求をすることができる性同一性障害者の範囲等について、法律の施行後三年を目途に検討等を行うこととなっておりますが、当委員会といたしましても、性同一性障害者が抱える様々な問題の改善に、引き続き真摯に取り組む所存であることを表明させていただきます」という発言が特に附されている。これらは、見直し等を謳った付帯決議よりも強い効力を持つものであることもまた、ここでは特に附記しておくべきであるように思われる。

四　結

以上、性同一性障害特例法の立法過程その他に関してアド・ホックながらも検討を加えてきたが、このような立法に関わる領域の研究は、これまで法哲学においては必ずしも盛んではなかったように思われる。ジェレミー・ウォルドロンはこのことにまつわる形で次のように言う。

> ウィリアム・ブラックストーンは、イングランドのコモン・ローに関する彼の講義の中で、法学教授となるには長年の調査と研究が要求されるが、「立身出世した者は誰もが自分が生まれながらの立法者だと思いこむ」ため、今や「イングランドのコモン・ローは、軽率で未熟な大工が現代的改良の猛威を振るって改修してしまった高貴なる伝統的建築物と同様のありさまである」述べている。〔Waldron 1999 訳：一一〕

学者や実務法曹も含めた意味での法曹コミュニティ内での互いの「理性」に対するミニマムな信頼に比して、ブラックストンのように立法部（国会議員）を、たまさかに「立身出世」した「成り上がり者」が利益多元主義的に恣意的な判断・決定を下しているというある種の偏見がわれわれにあるのかもしれない。近年、政治哲学の分野では「熟議の民主政（Deliberative Democracy）」論などのような形で議会・立法部をもインプリケイトする形での民主政積極論も見受けられるが、ハート・ドゥオーキン・

ラズなど、法哲学のいわゆるメインストリームにおいては、立法部の働きとその意義の検討は、決して積極的には取り上げられて来なかった。

先述のウォルドロンは、「立法府の議員たちがどのように論議するかは分かっていると我々は思いがちである。しかし、本当にわかっているのだろうか?」という問い掛けをしている［Waldron1999：訳29f］。本章はこの問い掛けに対して必ずしも十全な解を提供し得るものではないが、まずはその端緒と位置づけられるものとして諒とされたい。

文献

浅野一郎・河野久編著（二〇〇三）『新・国会事典』有斐閣

大沢秀介（一九八八）『現代型訴訟の日米比較』弘文堂

大島俊之（二〇〇二）『性同一性障害と法』日本評論社

大村敦（二〇〇四）「KEY WORD 性同一性障害」『法学教室』有斐閣、二七八号

大山礼子（一九九七）『国会学入門』三省堂

小野寺理（二〇〇三）「性同一性障害者の性別の取扱いの特例に関する法律」『ジュリスト』一二五号

谷口功一（二〇〇四）「ジェンダー／セクシュアリティの領域における「公共性」へ向けて」『思想』岩波書店、二〇〇四年九月号＝本書第四章

二宮周平（二〇〇三）「戸籍の性別記載の訂正は可能か（2）特例法を読む」『戸籍時報』五九九号

針間克己（二〇〇〇）「国会議員による性同一性障害勉強会が発足」『日本性科学会ニュース』十二月号
――（二〇〇一）「新時代のジェンダー概念」『こころとからだの性科学』星和書店
野宮亜希他著（二〇〇三）『性同一性障害って何？』緑風出版
村川一郎（二〇〇〇）『政策決定過程』信山社
吉永みち子（二〇〇〇）『性同一性障害』集英社新書
読売新聞政治部（二〇〇三）『法律はこうして生まれた／ドキュメント立法国家』中公新書ラクレ
Schmitt, Carl, 1923, *Die Geistesgeschichtliche Lage des heutigen Parlamentarismus*, Dunker& Humbolt, Berlin（稲葉素之訳『現代議会主義の精神史的地位』みすず書房）
Waldron, Jeremy, 1999, *The Dignity of Legislation*, Cambridge（長谷部恭男・愛敬浩二・谷口功一訳『立法の復権』岩波書店）

註

（1）正式名称は「性同一性障害者の性別の取扱いの特例に関する法律第三条二項に規定する医師の診断書の記載事項を定める省令」平成十六年五月十八日制定、同年七月十六日付で特例法本体と同時に施行。

（2）本章は二〇〇四年五月中に脱稿したものであるため、執筆時点においてはいまだ特例法は施行に至っていない。したがって、施行後の実際の申し立ての結果等を勘案した上での論議は、他日、稿を改めて行うこととしたい。また、本特例法を含むジェンダー／セクシュアリティの問題一般と「法＝制度」との関係を「公共性」の観点から論じた、より広い射程に基づいたものとして、本章と姉妹篇をなす拙稿［谷口二〇〇四＝本書第四章］を参照されたい。

（3）従来「性転換手術」と呼ばれてきたが、現在では専門家のみならず当事者にとっても、より適切な名称として「性別適合手術（Sex Reassignment Surgery）」という呼称を用いる。

（4）［東京地判昭和四四・二・一五判時五五一号二六頁、東京高判昭和四五・一一・一一高判集二三巻四号七五九頁］を参照。なお、この経緯について簡便に知ることのできるものとして［吉永二〇〇〇］を推奨。

（5）議員立法は、所謂「自社さ連立政権」以降に増大した立法手続き形態であり、同様の手続き過程を踏んだ「臓器移植法」を例に取ると、超党派の議員連盟が立法化を検討し始めてから十三年、最初の国会への提出から数えて三年超を成立までに費やしていることが指摘される。その他の議員立法に関しては、［読売新聞政治部二〇〇三］所謂の様々な法案の成立過程を参照。

（6）これらの非公式過程に関しては、［村川二〇〇〇］における詳細な研究を参照。

（7）元論文の公刊時は「立法過程に対する働きかけに関しては、今回の立法運動に関与した性同一性障害者の当事者からの聴き取りに依拠するが、殊この問題に関してはプライヴァシーの観点に鑑み、固有名の明示は一切行わないこととする。この点に関しての、より包括的かつ詳細な調査報告は、適切な時間の経過を待ち、他日稿を改めて論じることとしたい」と記したが、今回、青木幹雄議員の名前を明らかにする。

（8）［戸籍法第一一三条］「戸籍の記載が法律上許されないものであること又はその記載に錯誤若しくは遺漏があることを発見した場合には、利害関係人は、家庭裁判所の許可を得て、戸籍の訂正をすることができる」。

（9）この点については民法学者の間でも意見の相違が見られる。例えば、『戸籍時報』五五七号の一八、二〇—二一頁に見られる米倉明教授（立法解決論）、及び松嶋由紀子教授（司法解決論）の見解の相違。

第六章　宴のあとに——立法所感

国会というのは、法律を何でもつくれるわけじゃない。昔イギリスの言葉に、上下両院は男を女に、女を男にする以外は何でもできるという言葉があったが、これは反語であります。こういうことをしちゃいかぬということなんです。

——内藤功

右に再掲した発言は、昭和五十二（一九七七）年五月十五日、第八〇国会・参議院内閣委員会において、弁護士出身の議員によってなされたものである。ここでの「昔イギリスの言葉に」というのは、「議会は何事もなしうる、女を男にし、男を女にすること以外は」という法諺を指しており、その典拠はウォルポール期のイギリス議会の万能性を評したスイスの法学者ドロルムの著作に求められる。この言葉は、トクヴィルの古典『アメリカのデモクラシー』でも引用されたことによって、今日に至るまで人口に膾炙している[1]。

わが国でも、戦後の第一国会以来、今日に至るまでの衆参両院において、この法諺は実に数十回にわたって引用されてきており、それらの中で「女を男にし、男を女にする」以外のすべてをなし得る全能者（もしくはその僭称者）として引き合いに出される対象もまた「多数党、自民党、総理、官僚、両院議長」と、まこと多岐にわたっている。

性同一性障害特例法は平成十五（二〇〇三）年に成立したが、それから四年の歳月を経た平成十九（二〇〇七）年四月二十三日の時点においてさえ、「いずれにいたしましても、イギリスの諺に、国会というのは男を女に、女は男にする以外すべてが可能だと。日本においてはそこまで言い切れるものではございませんけれども、ようやく省庁再編の効果が出てきた」（衆議院・決算行政監視委員会第二分科会・遠藤宣彦委員）などといった発言がなされているのを確認することができる。[2]

いささかくだくだしくなってしまったが、以上のような経緯からは、「女を男にし、男を女にする」ことが、いかに「不可能事の代表」として執拗に観念され続けてきたか、つまり、ジェンダーやセクシュアリティにまつわる事柄が、いかに強固なバイアスの下に置かれ続けてきたか、そして今なおそうであるかが、端なくも例証されているように思われるのである。

特例法は、以上のような形で執拗に維持され続けてきたバイアスに対して、「現実的」な突破口を開いたという点で、大いに評価されるべきものである。実際、「性同一性障害」という文言が法制上明記され、当事者の存在が法制度上の認識＝承認を受けたことの意義は、どれほど評価されても過ぎるということがない。しかし、特例法の成立過程の中で、あるいはその成立後、この法律に対しては、少なからぬ批判が投げかけられたこともまた注記される。

以下では、ジェンダー／セクシュアリティ領域に関わる近年の社会学や政治哲学などの知見をもとに、上述の批判のいくつかを、おおまかに「政治」・「法」・「哲学」という三つの視角へと引きつけ、さらに筆者に専門である法哲学の観点も加味した形での検討を行うことで、本書における執筆の責めを塞ぐこととしたい。

一　政治

性同一性障害の当事者たちは、特例法の成立までは、法制度上、その存在を名指す「ことば」そのものを与えられていなかった。すなわち、彼らは制度的には「承認」を剝奪された状態で存在してきたのである。特例法の制定過程とその帰結をめぐる状況は、この点、承認をめぐる闘争だったということができる。近年の政治哲学の用語を用いるなら、この闘争過程は「アイデンティティの政治（identity politics）」と呼ぶべきものである。

政治哲学者チャールズ・テイラーによるなら、われわれの「アイデンティティ」とは、他人からの承認や否認、あるいは時として歪曲された承認によって形づくられるものであり、承認をめぐるネガティブな状況は、人を「偽りの、歪められ切り詰められた存在形態」の中に閉じ込める。[3] 本章冒頭で挙げたような、執拗かつ強固なバイアスは、この点、特例法の名宛人である性同一性障害の当事者や、それを含む広義のトランスジェンダーに対する承認の不全状態（誤解や無理解）を露呈させていると見ることもできるだろう。

上述の「アイデンティティの政治」は、このような意味での承認をめぐる闘争の足場であるアイデンティティの内容物として、人種やエスニシティ、ジェンダー／セクシュアリティや階級などの変数を導入するものである。権利獲得運動の本場（？）であるアメリカを例にとるなら、そこでの承認闘争におけるアイデンティティの内容物は、歴史的に人種からエスニシティ（○○系アメリカ人という際の○○にあたるもの）、そしてジェンダー／セクシュアリティへと変遷していったのだが、特にエスニシティを変数とする闘争・運動モデル（エスニック・モデル）は、その後、ゲイ・レズビアンの権利獲得運動にも導入されていった経緯が存在する。

しかし、このようなセクシュアリティの領域へのエスニック・モデルの導入は、諸手を挙げて歓迎さるべき事態というわけでもなく、いささかの難点をも孕んでいることが注記されなければならない。少し回り道をしてエスニシティを主要な検討対象とする多文化主義（multiculturalism）の領域に目を移してみると、そこでは次のようなことが議論されていることが確認される。

すなわち、当該分野の権威である政治哲学者ウィル・キムリカによるなら、一定の言語や文化、宗教などをアイデンティティの核として共有するエスニック・グループが、なにがしかの集合的権利（集団としての権利）を有する場合、それは外部の支配的マジョリティに対する自集団の保護（external protection）を求めるのと同時に、内部の構成員に対しては抑圧的に作用するものであり（internal restriction）、実際しばしばそうであることが懸念されるのである。[4]

これをセクシュアリティの領域にあてはめてみると、そこでのエスニック・モデルの導入は、セクシュアル・マイノリティのコミュニティの外に対しては承認を要求し、内に対してはプライド保持を要求することにもなり得る。特例法に対しても、このようなロジックに基づく批判が見られ、それは、例えば、以下のような形で表明された。

「性別越境」を異常とみなす「世間の視線」から隠れ逃げ回るのではなく、あるいはお情けで受ける「弱者」に自らを貶めず、その支援に寛容性を培うことが、近道ではなかろうか。当事者が「オスの女性」「メスの男性」という「トランスジェンダー」としてのプライドを持つことこそが、その克服の第一歩だろう。[5]

この論者は、さらに特例法の制定やその推進を「旧権力におもねたり、同じ当事者、あるいはセクシュアル・マイノリティの仲間に困難を負わせたりする行為」であるとして断罪しているのだが、このような強い矜持を背負ったカミング・アウトを非当事者に対する説得力を獲得するために必須のものとすることには、いささかの無理があるように思われる。なぜなら、人の生き方はそれぞれであり、そのありようの当否について他人が容喙すべきではないからである。このことは、単なる道徳的お説教としてではなく、以下のような根本的な問題として理解されるべき事柄である。

基本的にわが国の憲法構造、つまり、権利擁護のための制度的基盤は、リベラリズムによって下支えされたものとして理解することができ、このリベラリズムの基本的モチーフは「善の構想」（どのように生きてゆくのかという人生設計）の選択を各自の判断に委ね、その内容の当否については、判断しない点にある。どのような生き方がよい生き方であるとか（奨励）、どのような生き方が悪い生き方である（禁圧）などといった判断を行う正当性は本人ならぬ他者にはなく、生き方の内容に対しては価値中立的である、というのがリベラリズムのモットーなのである。これを指して、法哲学・政治哲学の領域では、「正（just、justice）と善（good）の区別」と呼ぶ。

以上の観点からするなら、上述のようなプライドの強制は、当事者のコミュニティが共有すべき共通善（common good）とでも言うべきものを一方的に措定した上で、自らが信奉する特定の「善」でしかない「矜持」を他者に対して強制している点で、「正」と「善」の区分を取り払っており、それは反リベラル（illiberal）な主張とみなされざるを得ない。

二　法

以上のような「アイデンティティの政治」にまつわる問題を踏まえた上で、次に「法」の観点からする議論を検討してみることにしたい。例えば、特例法の成立の前後に、立法ではなく司法的解決でよかったのではないかという意見が、一部の法律家などの間にみられたが、この点については、どうだろうか。

実際、特例法の成立までに司法の場での問題解決を目指す試みもみられたが、それらが実を結ぶことはなかった。裁判では、戸籍法一一三条の「錯誤」の意味を拡大解釈した形での戸籍の性別訂正の可否が争われたが、裁判所は「結局のところ、立法に委ねられるべきものと考えられる」と述べた上で、性別訂正の求めを退けている（平成十二年二月九日、東京高裁判決）。

この判決の中では、戸籍上の性別表記の変更を認めると、（後に成立した特例法・附則三項の「老齢基礎年金の男女別支給要件の規定」にもみられるように）「男／女」という性別区分に沿った形で張り巡らされた、関連法令とその適用に関して重大な問題を惹起し、ひいては社会生活全般に甚大な影響を及ぼすことが危惧されている。

このような細かく複雑に絡み合った制度的な網の目をすべて解きほぐすこと（行政の全関係部局の調整という気の遠くなるような作業）を司法に期待することは困難であるように思われる。この点、性別表記の訂正に関し、立法的解決を目指したのは、複雑に絡み合った社会制度を横断的に変更するためにこそ、正解だったと言えるだろう。

本章では、以上のような事情を踏まえた上で、「法」を用いた社会変革の可能性と限界について、いま少し広い視野からの議論を敷衍してみることにしたい。

特例法に対しては、それがトランスジェンダーの多様性を「性同一性障害」という医学上のカテゴリーに限定した上で、「性別二元秩序の中に回収し封じ込め、戸籍制度の維持と国家による性別秩序の管理を強化することを隠された意図として有するもの」であるとか、あるいは立法者意思が戸籍に表象される家父長制イデオロギーに汚染されているなどといった形での「イデオロギー暴露」的な批判も存在するが[6]、では、そこでいう「性別二元秩序」や「家父長制」などの社会文化的な《意味秩序》を「法」によって一挙全面的に変革することは、はたして可能なのだろうか。

以下では、「法」による社会変革の可能性と限界について考える上での歴史的事例として、法廷闘争を通じて大規模な社会変革を企図したアメリカ合衆国の裁判事例であるブラウン事件[7]を取り上げることにしたい。この事件は、前節で言及した「アイデンティティ」の内容物の一つである「人種」にまつわる問題を「法」の使用によって抜本的に解決しようとしたものである。

一九五〇年代中盤にアメリカの司法を舞台に争われたブラウン事件は、人種隔離政策（segregation）

が行われていた当時のアメリカで、その基盤をなす人種別学制の撤廃を目指した訴訟である。この判決において、連邦最高裁は全米での人種別学制の撤廃を宣言したが、それは長年にわたって人種差別が自明の与件となっていた当時のアメリカ（特に南部）の人びとにとっては、驚天動地の出来事だった。

　マイノリティの権利獲得運動のモデルとして、人種隔離政策の撤廃を宣言したブラウン判決のインパクトは甚大であり、その後の様々な権利獲得運動に影響を与えてゆくこととなった。国は異なるものの、特例法もまた、ブラウン事件やそれに引き続く公民権運動以来の、今日に至るまで長く延びる権利獲得運動の隊列に連なるものとして理解することができるだろう。

　しかしながら、他面において、このブラウン事件は、その判決直後から様々な問題に直面することとなった。例えば、リトルロック高校事件では、それまで白人だけが通っていた高校に、ブラウン判決の結果として黒人も入学してくることとなったのに対し、州知事をはじめとする白人住民たちが抗議を行い、黒人学生の登校は、暴力によって阻止されたのである。当時の大統領アイゼンハワーは、アーカンソー州側による最高裁判決を無視した行動に対し、連邦の空挺部隊を出動させ、黒人学生の登校を護衛させる騒ぎにまで発展した。[8]

　このように、その判決後も社会全体に様々な余波を及ぼしたブラウン事件は、公共訴訟と呼ばれる訴訟類型の代表的事例であり個別事件の解決というよりは、政策形成的（制度改革的）な志向性を強く持つものであることが注記される。その背景には、憲法という形式で存在する「公共的価値」を政府権力（ここでは司法）の積極的な行使を通じて社会的現実としてゆくべきであり、司法部は、このような公共的価値を実現するための国家権力の必須の要素である、という考えが、存在しているのである。[9]

ここで十分に注意を払う必要があるのは、アメリカは、ある意味で特殊な社会であり、様々な人種・エスニシティから構成されているがために、国家を成立させるための暗黙・自明の前提というものが存在しないということである。だからこそ、このブラウン事件に見られるように、強烈な社会的分断を「公共的価値」への不断の参照によって「意識的」に解決しようとするモメントが強く働くこととなる。このような社会的分断は、人種問題においてだけでなく、人工妊娠中絶や、同性愛行為の刑法犯化、あるいは同性婚などの是非をめぐる様々な論争にも見出され、これらをめぐる国家の論争的分裂は「文化戦争」ともいうべき、ゆゆしき事態を生み出しているという危惧も存在している。[10]

わが国から眺めやるなら、アメリカのように社会全体を巻き込む形での論争が活発に行われ、また、ブラウン判決に見られるように、意識的に打ち立てられた権利擁護の金字塔が屹立しているのを見聞きすると、いかにも彼の国は正々堂々と眩しく輝いているようにも見えるが、それは、「法」を用いた社会文化的な《意味秩序》の大規模かつ一挙全面的な改革の試みに打って出ざるを得ないほどに、社会的分断の度合いが高いということの証左でもあり、また、しばしば、そこでの権利をめぐる闘争は、現実の血にも塗れたものなのでもある。

以上に関連して、個人的なエピソードではあるが、かつて、あるオランダのＭＴＦ当事者と交わした会話が思い出される。彼女によるなら、寛容とされるオランダでも性的マイノリティに対する迫害は存在していないわけではなく、時として、それは剝き出しの暴力を伴った形で現われる。だからこそ、制度的に十全な寛容が敷かれるようにと努力がなされているのだ、と。翻って、日本では、そのような剝き出しの暴力を見聞きすることは少ないが、しかし、真綿で首を締めるように、しめやかな差別は存在しているわけで、これらのいずれかがましなのか（酷いのか）、それは俄には判然としないところでもある。

三　哲学

最後に、哲学的（？）な問題について考えてみることにしよう。既に触れたように、特例法に対しては、それが「性別二元秩序」を強化するものであるとか、その立法者意思が「家父長制イデオロギー」に汚染されたものであるとかいった「イデオロギー暴露」的な批判が存在するわけだが、このような形での批判は、先述の通り、社会文化的な《意味秩序》のあり方に関わるものである。その問題告発の形式は、既存の思考枠組みを、ちゃぶ台がえし的に覆そうとする激しさを持ち、また、そうであるがゆえに根源的な問題意識を有するような外見を取るため、そこには何か深淵な「哲学」が関わっているかのようにも見える。

このような形でのジェンダー／セクシュアリティの領域における議論の一つの典型として、例えば、ジュディス・バトラーによるものを挙げることができるだろう。バトラーの代表作『ジェンダー・トラブル』は、長らくジェンダー／セクシュアリティの領域において大きな影響力を持つものであったが、[11] この著作を含むバトラーの議論の中では、あらまし、以下のような主張が展開されている。

すなわち、バトラーの議論においては、先述の「アイデンティティ」が自然自明な与件ではなく、それが社会的・歴史的に構築されてきたものであることが主張される（このような立場を構築主義という）。つまり、そこでは、われわれを取り巻く《意味秩序》そのものが恣意的に形づくられたものに過ぎず、そこには何らの必然性もない、といった形での議論が展開されるのである。

　このようなバトラーによる議論の中での「法」という言葉の扱い方を見てみるならば、そこには次のような問題を見出すことができる。例えば、先に挙げた代表的著作『ジェンダー・トラブル』の中では、「法」という言葉に対する言及は都合二百カ所以上にわたってなされているが、そこでの「法」という言葉の用い方は、精神分析の観点からするラカンの「父の法」やカフカの寓話「掟のまえに」に対するデリダの読みから敷衍された「法のまえの主体」といった形のものであり、それらの議論が現実に存在する法とどのように結びつけられ得るかは全くもって不明である。

　全般的にバトラーの議論は、不必要に晦渋で難解なポストモダン的言説に依存したものであり、分析的な検討を拒む秘教的な色彩さえ有している。率直に言って、哲学をなりわいとする筆者にとってさえ、その議論の道筋は、朦朧、判然としない。実際、このようなバトラーの議論に対しては、政治哲学者マーサ・ヌスバウムから激烈な批判が投げかけられており、彼女によるなら、バトラーの議論は過剰な修辞（rhetoric）に頼ったものであり、そこでは「公的コミットメントの感覚」が喪失されている。[12] この点に関しては、ヌスバウムと同感であり、バトラーの議論は端的に言って、詩的言語によって粉飾された疑似哲学であると言っても過言ではないように思われるのである。

　しかしながら、バトラーの影響力は大きく、例えば、トランスジェンダーに関わる領域では珍しく地に足のついた形で実際の判例を豊富に渉猟している法学者アンドリュー・シャープの著作の中などにも、その影響を認めることができる。[13] シャープの著作『トランスジェンダー法学』は、コモン・ローの様々な国々とアメリカの判例をしらみつぶし的に検討した上でのモデル構築を行っており、トランスジェンダーに関する法学研究としては、初の網羅的・包括的なものである。しかし、その議論は、分析モデルの構築に際して、バトラー流のポストモダン的言説に依存しており、この点、現実（特に制度）と結節し損なった曖昧な議論となっているように感じられるのである（セクシャル・マイノリティの権利擁護の裁判実務にも関わっている法曹による同書の書評論文の中でも、同様の問題性が指摘されていることが附言される[14]）。

バトラーをはじめとするポストモダニズムの側からは反論もあろうかとは思われるが、筆者は一人の哲学者として、彼女の議論の中で見られるようなポストモダニズム的言説を受容することをお勧めすることはできない。ジェンダー／セクシュアリティに関わる研究の中でのポストモダニズム的議論は、その議論の空疎さだけでなく、現実からの乖離という点でも、無益なものである。遅々とした歩みに見えるかもしれないが、われわれは「ポストモダン」ではなく「未完の近代」を一歩ずつ完成へと近づける「漸進的（incremental）」な試みを、たゆまず継続してゆくしかなく、そのような歩みの中に空疎な疑似哲学が入り込んでくる余地はない。

おわりに

以上、三つの視角から、特例法と、それが関連づけられたジェンダー／セクシュアリティの問題について、広く文脈を取った上での話を連ねてきたが、特例法制定に蔭ながら関わった一人として、最後に個人的な所感を記し、稿を閉じることにしたい。

思えば、特例法の制定過程は、自由民主党が政権与党の座にあった五五年体制の最末期であった。当時の政治アリーナには、一定のゲームのルールがあり、それを踏まえて適切にプレイすれば、制度的な果実を実らせることもできた。

特例法制定から、はや十年近くの歳月を経て、政権交代をも経験した今日、このような意味でのゲームのルールは失われてしまった（あるいは機能不全に陥っている）感があり、今更ながらに、その制定はまことに時宜を得たものであったと思う次第である。

政治と言うのは、可能性のアートであるが、そこでは、これもできるかもしれない、あれもできるかもしれないと考えて批判を行うことだけにとどまり、結局なにもしないのではなく、運命の女神の前髪をつかまえるためにも、己れ自身を限定する勇気を持つことが大切なのだということが、つくづくと実感される十年であり、特例法をつくったのは、まさに、このような意味で、勇敢に限定された投企だったのだと思うばかりである。

註

（1）Alexis de Tocqueville, 1840, *Democracy in America.* Appendix L（松本礼二訳『アメリカのデモクラシー』第一巻（上）、

三一六）.

（2）以上の国会での発言に関しては、ウェブ上の国会会議録検索システムを参照。kokkai.ndl.go.jp

（3）Taylor, Charles, 1994, *Multiculturalism*. Princeton UP（佐々木毅他訳『マルチカルチュラリズム』岩波書店）.

（4）Kymlicka, Will, 1995, *Multicultural Citizenship*. Oxford UP（角田猛之他訳『多文化時代の市民権』晃洋書房）.

（5）田原牧（二〇〇三）「リレー連載「逆風に立つ」見失ったプライドと寛容性「性同一性障害特例法」批判」『情況』二〇〇三年十月号。

（6）長谷川清美（二〇〇三）「抹消される多様性・あいまいさ」『世界』二〇〇三年八月号、岩波書店。筒井真樹子（二〇〇三）「消し去られたジェンダーの視点——性同一性障害特例法の問題点」『インパクション』一三七号、など。

（7）Brown v. Board of Education, 347 U.S. 483(1954).

（8）ブラウン事件を含むアメリカ公民権運動の概要については、ジェームズ・M・バーダマン著、水谷八也訳（二〇〇七）『黒人差別とアメリカ公民権運動』集英社新書を参照されたい。蛇足ではあるが、これは非常に感動的な書物である。また、ブラウン事件に関する詳細は、ジェイムズ・パターソン著、籾岡宏成訳（二〇一〇）『ブラウン判決の遺産』慶應義塾大学出版会。

（9）公共訴訟については、大沢秀介（一九八八）『現代型訴訟の日米比較』弘文堂を参照。

（10）志田陽子のまとめによるなら、文化戦争とは「ある文化的な事柄に関して「正統的 orthodox—進歩的 progressive」といった対立する見解が、その公的な正しさをめぐって公論の領域で論戦を展開し、社会を政治的に二分にしてしまうような状況」のことを指す。志田陽子（二〇〇六）『文化戦争と憲法理論——アイデンティティの粗剋と模索』法律文化社。

（11）Butler, Judith, 1990, *Gender Trouble*, Routledge（竹村和子訳『ジェンダー・トラブル』岩波書店）.

（12）Nussbaum, Martha, 1999, *The Professor of Parody : The Hip Defeatism od Judith Butler*, The New Republic, February 22, 1999.

（13）Sharpe, Andrew, 2002, *Transgender Jurisprudence*, Routledge-Cavendish.

(14) Levi, Jennifer, 2003, *Book reviews : Transgender Jurisprudence,* Adelaide Law Review、Vol. 24.

Ⅲ　文明のボーダー

第Ⅰ部と第Ⅱ部で取り扱われていた問題群への取り組みが飽和してきた頃、たまたま仕事で群馬県に出張した妻から送られてきた「写メール（当時はまだガラケーだった）」が、第Ⅲ部の全問題系の出発点だった。その「写メ」には、群馬県邑楽郡大泉町の西小泉駅の写真が添付されていた。改札の精算所を撮影した写真には、ポルトガル語で「aqui pagar a diferença（ここで差額を払う）」という貼り紙がなされていたのである。

私は、この一枚の写真から北関東に集住する日系ブラジル人の存在を知り、半ば以上ただの興味で、日本における移民について調べ始めた。その後、二〇一五年の所謂ヨーロッパ難民危機を経て、問題視角はさらに拡張され、イスラムと立憲主義という文明論的な地平まで問題意識は拡張してゆくこととなった。その際、第Ⅱ部で扱ったジェンダー／セクシュアリティをめぐる問題系が再び前面に浮上してくることになるとは、写メを見た時には予想もしなかったのではあるが。

この第Ⅲ部は、ダイバーシティやポリティカル・コレクトネスなどの問題を考えてゆく上でも一助となる視角を提供し得るものではないかと考える次第である。

第七章　郊外の多文化主義

一　北関東のルゾフォニア

上毛カルタに「つる舞う形の群馬県」とある通り、地図上、南東に向かって羽根をひろげて滑空する鶴の形をした群馬県の右下、頸部のあたりに邑楽郡大泉町は位置している。この町への鉄路での玄関口は、東武小泉線の西小泉駅である。単線の電車に乗り、終点の西小泉駅で降りると、そこには「ルゾフォニア（Lusofonia）」がひろがっているのを目にすることになるだろう。

ルゾフォニアとはローマ帝国時代のポルトガル一帯を指す「ルシタニア」に由来する言葉で「ポルトガル語を話す世界」を意味する。「東京から二時間、片道一〇〇〇円で行けるブラジル」とも言われる大泉町は、日系ブラジル人をはじめとする外国人居住比率が日本一の町である。そこではポルトガル語を耳にすることができ、また、駅前にすぐ見える「CANTA GALO 宮城商店」をはじめ、ブラジル人相手のポルトガル語の看板を掲げた様々な商店やレストランなどを目にすることができる。

筆者は数年前、たまたま仕事でこの町を訪れた家人から「これ、どこの国の言葉？」とポルトガル語の掲示物の写真が添付されたメールをスマホに送られ、その存在を初めて知った。これまで都合三度、足を運んでいるが、私の知らなかった日本がそこにはあった。

　実際に足を運べば実感できるが、はるか彼方まで囲い塀が続くパナソニック（元三洋電機）の工場[1]が、町域の広大な面積を占めている。町内には、この他にも富士重工業や工業団地なども立地しているため、大泉町は二〇一一年まで三十五年間にわたって地方交付税不交付団体として豊かな財政状態にあった。このような一大工業地域の労働力の多くを支えてきたのが日系ブラジル人をはじめとする外国人労働者たちである。二〇一四年十二月末時点での町内の外国人は六千三百七十七人にのぼり、町の総人口の実に十五・五八パーセントを占めている。

　このような状況は、一九九〇年のいわゆる改正出入国管理法に端を発するものであり、日系二世・三世とその家族に就労制限のないビザが発給されることによって、ブラジルからの「デカセギ」が急増したのだった。当初、彼らは数年で帰国する「一時滞在者」と思われていたが、その予測は大きく外れた。九一年のバブル崩壊までに国内労働市場の逼迫はピークに達し、日本に在住するブラジル人は二〇〇〇年末には約二十五万四千人と、外国人全体の十五パーセントを占めるまでになったのである。

　二〇〇七年末に三十一万七千人にまで増加したブラジル人は、しかし、二〇〇八年秋のリーマン・ショックによる派遣労働者の雇い止めが始まると一挙に減少を始め、日本政府が本国への帰国を支援する「帰国支援制度」などとも相まって、二〇一四年末には十七万五千人にまで落ち込むこととなった（法務省入国管理局「登録／在留外国人統計」）。

　この間、大泉町をはじめとする日系ブラジル人などの外国人居住比率の高い自治体は、「移民」政策に正面から向き合おうとしない「政府の失敗」を補う形で、エスニシティとコミュニティをめぐる様々な摩擦への対応を行ってきており、後述するように、現在も多くの問題を抱えている。

このような外国人居住比率の高い自治体は、実は日本中に少なからず存在しており、南米日系人を中心とする多数の外国人住民を抱える都市は「外国人集住都市会議」を開催している。東京、群馬、長野、岐阜、静岡、愛知、三重、滋賀、岡山の一都八県二十六都市からなる同会議の会員都市は、そのほとんどがいずれも観光などで訪れることはあまりない場所であり、[2] 大都市圏で暮らす多くの日本人にとって、それらの場所が抱える問題は「目に見えないもの」となってしまっているといっても過言ではないだろう。

二〇一四年、政府は来るべき「人口縮減」への対策として、今後毎年二十万人の移民を受け入れることを本格的に検討すると宣言したが、本章では、この大泉町をはじめとして、既に日本国内に現に存在するものの「目に見えないもの」となってしまっている様々なエスニシティとコミュニティをめぐる問題について、筆者の専門である法哲学の観点からの検討も加えつつ、今後のわが国の「移民政策」に正面から向き合うための端緒をひらくことを試みるものである。

以下ではまず、移民政策に関してはわが国のはるか先をゆくヨーロッパ諸国の現状と、それらの国々が抱える問題に関して、概観することから始めたい。

二　多文化主義は失敗した？

二〇一〇年、ドイツのメルケル首相は「多文化主義は完全に失敗した（Der Ansatz für Multikulti ist gescheitert, absolut gescheitert!)」と宣言し、また翌二〇一一年二月、イギリスのキャメロン首相も「国家による多文化主義は……われわれにとって好ましい社会のビジョンを提供するのに失敗した」と発言するに至り、ヨーロッパを代表する二つの先進国のリーダーらによる暗鬱な認識の表明は国内外に大きな衝撃を与えた。さらに、同二〇一一年七月には、「イスラムによる乗っ取りから西欧を守る」ことを動機とする「反多文化主義革命」を掲げたアンネシュ・ブレイビクによって、七十七名が射殺等されるノルウェー連続テロ事件が引き起こされた。

二〇一五年一月に発生したシャルリ・エブド襲撃事件の記憶もいまだ鮮烈だが、欧州では長年にわたる移民政策の帰結として、多くの国々で主として郊外の公営団地などに集住する外国人居住者たちをめぐる問題が露わになり、結果、右に述べたような暗鬱な認識が、しばしば排外主義を前面に押し出した極右政党の伸張などを伴う形で、ひろがりを見せるようになっている。

ケナン・マリク（Kenan Malik）によるなら、三十年前にはヨーロッパにおける社会問題の「解決策」として持てはやされた「多文化主義」が、現在では社会問題の「原因」そのものとさえみなされるようになってしまったわけである。以下ではマリクが近時『フォーリン・アフェアーズ』誌（二〇一五年三・四月号）に発表した簡にして要を得た論文「多文化主義の失敗（The Failure of Multiculturalism）」を紹介しながら、現在の欧州における移民と多文化主義をめぐる問題状況を管見してみたい。

まずイギリスでは、一九五〇年代に労働力不足を補うために積極的な移民の受け入れを行ってきたが、七〇年代後半から八〇年代初頭にかけて人種暴動に悩まされるようになった。政府はこれに対応するため、国・地方の双方のレベルで、黒人とアジア系のコミュニティを主流のホスト社会側の政治プロセスに組み入れようとした。具体的には、特定の組織やコミュニティのリーダーに彼らの利害を代表させたのである。この施策は「差異への権利」を正面から肯定するものであり、この権利を否定することはレイシズムとして指弾されるまでになった。しかし、特定の組織やリーダーに、その集団の利害を代表させても、それが本当のその集団の代表者であるという保証はない（白人全体の代表などが存在しないのと同じ）。このように積極的な多文化主義がとられた結果は、破滅的（catastrophic）なものであり、近年においては、二〇一一年には全国に波及する形での人種問題を発火点とした暴動が発生するに至った。

次にドイツだが、ドイツ連邦統計局によると、国内の移民人口は二〇一四年に過去最高の千百万人に達し、全人口の五分の一が何らかの形で外国のバックグラウンドを持つこととなった。ドイツで長らく問題となってきたのは、トルコからのガストアルバイター（出稼ぎ労働者）である。当初、彼らは一時的な滞在者とみなされていたが、その後、家族を呼び寄せるなどして人口を増加させていった。これに対し、ドイツ政府はトルコ人移民たちに市民権（citizenship）を付与した上で、彼ら固有の文化・言語・生活様式を保持することを推奨する形での多文化主義政策を採り、結果として、国内にホスト社会から分離した多数のパラレル・コミュニティを生み出すこととなった。このような形で存在するトルコ人のムスリム・コミュニティに対し、二〇一一年の調査では四十パーセントのドイツ人が、それを「脅威」と捉えている。

また、ドイツでは近年、中東などから多くの難民申請者が流入しているが、二〇一五年九月二日の内務省の発表によると、難民収容施設への放火などの難民への攻撃が続発し、その数は年始から八月末までに三百三十七件に達している。難民の増加に伴う犯罪の急増にドイツ政府は危機感を強めているが、急激な難民の流入はドイツだけに限られた問題ではなく、現在、欧州全体がいわゆる「難民危機」に晒されている。[3]

最後にフランスだが、明示的に多文化主義を掲げた右の二カ国とは異なり、同国は当初から多文化主義を拒否し、同化主義（assimilationism）を採用してきたことが注記される。

フランスには五百万人（全人口の七〜八パーセント）のムスリムが居住していると言われ、西ヨーロッパ最大のムスリム・コミュニティが存在している。過去二十年の間に、公立学校でのイスラム・ヴェール着用禁止をめぐる事件や、郊外（banlieue）のムスリム移民の若者による暴動などの問題が発生しており、近年では二〇〇五年のパリ郊外を発火点とした全国暴動、そして、既に触れたシャルリ・エブド事件などが発生するに至っている。

フランスの同化政策は多文化主義の対極にあり、すべての個人を特定の人種やエスニック、あるいは文化集団の一員としてではなく、あくまで「ひとりの市民」として扱う。しかし、現実にはフランスは英独と同じように社会的に分断されている。フランスは多文化主義を明確に拒否してきたが、北アフリカからの移民とその子孫たちを単一のコミュニティ＝ムスリム集団として扱ってきた点で、「多文化主義」のネガとも言える施策を実行してきたのだ。

積極的に「多文化主義」を推奨してきた英独と当初から「同化主義」を前面に押し出してきたフランスであるが、英独仏三カ国の辿り着いた先は、皮肉なことに同じだった。つまり、断片化された社会、疎外されたマイノリティ、怒れる市民たちである。

マリクによるなら、そこには「多文化主義のパラドックス」が存在する。彼自身の言葉を借りるなら「政治的道具としての多文化主義は、多様性を前提とするが、そのような多様性はマイノリティのコミュニティの縁で止まることを暗黙裏に想定している。そこでは多様性を制度化（institutionalize）することで、人びとをエスニックや文化の箱（box）の中に押し込める」のである。ここで言うところの「箱」については、「単一で同質的なムスリム・コミュニティ」などといった一枚岩的（monolithic）なイメージを想起すれば良いだろう。

　このような問題状況に対してマリクは、多文化主義も同化主義も、社会の断片化という同一の問題に対処するための異なった政策的対応だったのだが、結局のところ、いずれも事態を悪化させたに過ぎないと断じ、かかる「失敗」を乗り越えるためには、欧州は、以下のような三つの区別を判然と行うことが必須だと論じている。

　第一に、「生きられた経験としての多様性」と「政治的プロセスとしての多文化主義」を区別しなければならない。移民の流入によって社会生活における経験が多様化されることは歓迎されるべきだが、文化的差異の公的な承認を通じた「多様性の制度化」には反対しなければならない。

　第二に、「カラー・ブラインドネス」と「レイシズムへのブラインドネス」を区別しなければならない。特定の民族的・文化的歴史の担い手としてではなく、すべての人を市民として扱うというフランス流の同化主義の処方には、それ自体としての価値がある。しかし、これは国家が特定のグループへの差別（レイシズム）を放置することを意味しない。

　第三に、「人びと（peoples）」と「価値（value）」を区別しなければならない。多文化主義も同化主義も、マイノリティのコミュニティ内部での同質性を前提としているが、人びとの生活の実相にわたる現実は多様なのである。

結論としてマリクは、欧州は、進歩的な意味での「普遍的価値」を再発見しなければならないと言う。次節では、この「普遍的価値」と多文化主義をめぐる根源的な問題系に踏み入ってゆくことにしたい。

三　多文化主義の根源的問題性

以下では既に検討に付した英独仏に加え、今ひとつの事例として、オランダのケースを取り上げる形で多文化主義そのものが孕む根源的な問題性についての検討を付しておくことにしたい。以下のオランダに関する記述については、もっぱら水島治郎の『反転する福祉国家――オランダモデルの光と影』（岩波書店、二〇一二年）を参照したが、この本は非常に興味深いものなので、この際、是非お薦めしておきたい。

さて、水島によるなら、「オランダは、相対的に緩やかな移民・難民政策の結果、……外国系市民の割合は二一世紀初頭には約一八％に達し、大都市を中心にその比率は増加の一途を辿って」いる。従来、徹底した多文化主義政策を推進してきたオランダだったが、二〇〇二年以降、それまでタブーとされていた多文化主義を批判する形で移民問題を正面から取り上げる政治勢力が登場することとなった。コラムニストのピム・フォルタインが立ち上げたフォルタイン新党である。

フォルタインは、イスラムを「時代遅れの（achterlijk）」宗教と呼んで憚らず、「イスラムは西欧社会とは共存不可能な宗教」であるという認識を示したが、人種差別・民族差別的な主張に基づいてイスラムを排撃したのではなかった。彼は、あくまでヨーロッパ的な啓蒙主義の伝統に由来する「普遍的な価値」を援用して「遅れた」イスラムを批判するのである。これは隣国フランスの国民戦線などがファシズムや暴力的右翼運動に由来し、民族的・国家的価値を重視して排外的主張を行うのとは、一線を画している。しかし、オランダでは、選挙直前の二〇〇二年五月、フォルタインは暗殺された（ムスリムの犯行ではなく動機は不明）。オランダでは、この他にも、イスラムを冒瀆したとされる映画『サブミッション』をめぐり、その監督であるテオ・ファン・ゴッホが二〇〇四年十一月に暗殺される事件なども起きている。

フォルタインの主張は、多文化主義を考える上で重大かつ深刻な示唆を有している。すなわち、彼は「自らが同性愛者であることを公言し、女性解放や同性愛者への差別撤廃を成し遂げた六〇年代以降の社会運動を高く評価する」が、その上で、「女性や同性愛者に対して差別的なイスラムを厳しく批判する」のである。彼は「男女平等や人権・自由といった近代的価値を積極的に認め、議会制デモクラシーの存在なども自明視した」上で、その「普遍的な価値」に立脚するがゆえにイスラムを批判するという手法を採る。彼のこのような主張は、単なる極右排外主義的主張とは明らかに一線を画しており、その主張内容には重大な問題系が内包されていることが指摘される。

このオランダと同様に、リベラル・デモクラシーを所与のものとする側の「普遍的価値」とマイノリティ集団の文化的・宗教的実践との間での対立は、しばしばジェンダー／セクシュアリティ領域において先鋭化するが、フォルタインの事例においては、それが激烈な形で示されている。実のところ、フランスをはじめとする欧州でのイスラム・ヴェールをめぐる対応・事件でも問題の構造は同根であり、そこで問題にされているのはヴェールを着用した女性自身ではなく、女性にそのような宗教実践を強制するムスリム男性側の男性中心主義的な文化構造なのである。

政治哲学領域において多文化主義の論点を極めて手際よく整理した論者としてウィル・キムリカ（Will Kymlicka）を挙げることができるが、その著作『多文化時代の市民権』（*Multicultural Citizenship*, Oxford UP, 1995）では、社会構成的文化[4]を有するマイノリティ集団は、言語権などをはじめとする集合的権利を持つことが正当化される。そこでは、当該集団の集合的権利は、①社会文化的な多数派に対し「対外的な保護（external protection）」として、②当該集団内の成員に対し「対内的な制約（internal restriction）」として働くことが検討に付され、全体としては緩やかにマイノリティ集団の集合的権利を認める方向での議論が行われている。

しかし、これに対して、例えばスーザン・M・オーキン（Susan M. Okin）などは、その編者『多文化主義は女性にとって害悪か？』（*Is Multiculturalism Bad for Women?* Princeton UP, 1999）の中で、マイノリティ集団内で「対内的制約」として働く文化・宗教的実践とジェンダー／セクシュアリティとの間には鋭い緊張関係が存在していることを指摘している。最も典型的かつ激しい批判の対象とされるのは、「女性器切除＝ＦＧＭ（Female Genital Mutilation）」の問題である。ＦＧＭとは、赤道付近のアフリカ諸国を中心に行われている女性器の一部を切除する成人儀礼であるが、女性蔑視的な目的の下、不衛生な環境で惨たらしく行われる点で、そのような習慣を持ち込む移民に対しても厳しい批判が浴びせられている。

オランダでは、かつてこのＦＧＭに関し、被施術者女性が不衛生な環境で女性器を切除され感染症などに罹患するのは人道的に看過しがたいので、せめて清潔な近代的医療設備の下で施術すべきではないかというレポートが所轄官庁から提起されたが、これに対しては、いくらオランダが寛容をモットーとしているからといって、そのような根本的に邪悪で野蛮な実践に加担することは、寛容の限界を越えているという激しい反対が起きたことさえある。[5]

「リベラルな寛容の限界」という問題系は、強度の同化政策を採るフランスにおいて最も典型的に見出すことができる。フランスの公立学校（公的空間）でヴェールの着用が問題となるのは、《共和国》を支える「ライシテ（laïcité）」によるものであるが、これは「世俗性」や「非宗教性」とでも訳されるべきものであり、革命期にその淵源を有する強固な政教分離の原理なのである。

以下の歴史的経緯については、谷川稔の名著『十字架と三色旗』（山川出版社、一九九七年）に直接あたられることをお薦めしたいが、そもそも、革命期以降のフランスには、共和国派とカトリック教会との激烈な抗争の歴史が存在しており、それは国家の世俗性（ライシテ）をめぐる闘争だったのである。ジャコバン派の衣鉢を継ぐ共和国派に対する教会の敵意は長らく持続し、二十世紀に入ってからも、それぞれの側で百万人規模に達するデモを伴う運動が引き起こされている。

「三色旗［共和国派］は十字架［カトリック］の社会的・政治的影響力を根こそぎにすることには成功しなかった」ものの、「総仕上げ」としての一九〇四年の政教分離法で「公教育におけるライシテ」というダウンを奪い、少なくとも判定勝ちを得た。ここにおいて共和国派のモラル・ヘゲモニーが確立したのである。

このような文脈を前提とする中、よりによって革命二百年記念というタイミングの一九八九年にイスラム・ヴェール事件が発生したわけである。共和国派にしてみれば、「先人たちの一世紀以上にわたる苦闘のおかげで、ようやく三色旗のもとに十字架と共存できる社会を実現したとおもえば、今度はクロワッサン〔三日月旗＝イスラム〕と対決するための十字軍を再組織せねばならぬとは！」と慨嘆せざるを得ない事態と相成ったのであった。

啓蒙理性に基づいて「普遍的価値」を擁護するフランスの強固な伝統は、単一不可分の《共和国》を前提とする「ルソー・ジャコバン型」の国家像として、多文化主義を（積極的に）容認する「トクヴィル・アメリカ型」の多元主義とは、そもそも相容れないものなのである。[6]《共和国》は、個人をあらゆる中間団体から「人一般」として強制的に析出し、国家による自由を貫徹しようとする存在なのである。ここには、先に見たフォルタイン的な主張の極致が国是として存在しているのを見て取ることができるだろう。――フランスはある意味でアメリカと同様、われわれ人類の「実験国家」であり、それは啓蒙理性による「永続闘争機械としての共和国」とでも呼ばれるべきものなのかもしれない。

四　多文化主義は失敗していない？

さて、以下では先に見たような「多文化主義は失敗した」という、ともすれば排外主義とないまぜになりがちな主張に対しての解毒剤的な議論を紹介し、エスニシティとコミュニティをめぐる摩擦に関して、われわれがどのように向き合うべきなのかについて再考しておくことにしたい。ここでのポイントは第二節「多文化主義は失敗した？」の末尾で取り上げたマリクが主張する「区別すべきもの」の三つ目、「人びとと価値（peoples and value）」の区別に関連している。以下では、フランスとイギリスについて取り上げておきたい。

例えば、フランスについては森千香子のいうように近年、社会を「スケープゴートの政治」が覆っていると見ることができる。現在、フランス国内では「移民の安全保障化」が保革対立を越えたコンセンサスになっているが、この背景には中間層の意識変容があり、彼らの多くが親世代よりも社会的に格下げされ、自分も転落するのではという不安を抱いている。このような「社会不安」が「内なる敵」としての移民に向けられているのである。この不安に乗じるのは、政治家にとってはローコスト・ハイリターンな戦略であり、そのような文脈の中で「ムスリム移民統合の失敗」という言説が跋扈しているのだが、これは実態と違うのではないかと森は指摘する。

例えば、ムスリム移民の就学状況ひとつ取っても、彼らは、ほぼ全員が就学しており、あまつさえ、同じ階層なら移民の子の方が成績は良い。つまり文化面での格差は縮小しているのである。また、イスラムの宗教実践の増大が「統合の失敗」の証左であるというのは浅薄な見解であり、「フランス風の食生活をしようとするからこそハラール食品を利用し始めている」というのが実態である。ムスリムの実践や要求が目立つようになったのは、彼らがフランス語を対等に操り、平等を要求できるほどに統合が進んだからであり、また、それに対するバッシングが強化されたのは、フランス人とムスリム移民との「力関係が対等に近づいてきたこと」の表れなのである（以上に関しては、森千香子「ムスリム移民はスケープゴート」『Wedge』二〇一五年三月号を参照）。

　また、イギリスについても安達智史によるなら、ムスリムの若者たちは、イスラムの教えを「具体的な文化的慣習」から分離する形で緩やかに解釈し、イギリス社会との接合を図っている。若者ムスリムの実像は、マス・メディアなどで流布されている「ムスリムの不統合」などといった言説と異なっている。彼らは、「イギリス社会でキャリアを築き、生活することを当然のこととしてとらえており、その世界で生きることに疑問を感じていない」のであり、ムスリムでありつつ、十分に「ブリティシュネス」を共有しているのだ。

　だが、マス・メディアや政治的な言説はそのような事実に触れることは少なく、少数の者による逸脱や異常な振る舞いだけに、ことさらに焦点を当て、それにイスラムの名をかぶせる。このことは、政治やマス・メディアによる「ムスリムの不統合」という言説が、ムスリムの若者にいつまでも満たすことのできない要求を行っていることを示している（以上、安達智史『リベラル・ナショナリズムと多文化主義』勁草書房、二〇一三年刊を参照）。

　森、安達のいずれの議論にも共通しているのは、マスコミや政治家などによってステレオタイプ化された「危険な移民」というイメージに基づき彼らを安易に一枚岩的な同質集団とみなすことへの戒めである。次節では、先に触れたマリクも主張していたようにエスニック集団を「箱」の中に入れてしまうような形で一枚岩的に扱うのではないのだとしたら、どのような形で彼らを対象化すべきなのかということについて考えてみたいと思う。

五　「多文化共生」から「統合」へ

以下では再び冒頭の話に戻り、日系ブラジル人労働者に関し、樋口直人が行っている議論を紹介しながら話を進めてゆくことにしたい（梶田孝道・丹野清人・樋口直人著の『顔の見えない定住化――日系ブラジル人と国家・市場・移民ネットワーク』〔名古屋大学出版会、二〇〇五年〕の樋口執筆分・第一一章を参照）。ここでは前節において森や安達によって示された移民に関する繊細かつ示唆に富んだ視点をさらに押し進め、そのような議論を政治経済的な領域での格差の解消を重視する「統合（integration）」という観点から論じることにしたい。

樋口は、日系ブラジル人たちは「顔のない定住化」とでもいうべき状況に置かれており、彼らを「社会文化的」観点のみから一枚岩的に対象化するような形の従来の議論は偏った説明にしかなっていないことを指摘する。日系ブラジル人たちを「社会文化的」な観点のみから断罪することをやめ、「政治経済的」な観点からも把握されなければならないのである。

例えば、現在、ブラジル人の集住化が進んだ公営団地を中心に発生している問題は、「外国人」という分かりやすい属性にばかり目を奪われて論じられがちだが、問題を文化対立や地域摩擦として捉えるのは不適切である。本来、「政治経済的」な布置連関によって説明されるべき事柄が、「文化」や「エスニシティ」を記述単位とする「多文化共生」という政策用語(7)によって間違った形で説明されているのが現状なのである。

再び森千香子によるなら、このような公営団地におけるブラジル人問題は、「不可能なコミュニティ」という標語によって定式化される。つまり、そこにはブラジル人側だけでなく高齢者を中心とする日本人側にも共通する問題として、「相対的に人的資本を所有する者が、その空間からの逃避を図るようになる」という悪循環が存在しており、社会的資本が蓄積されないがゆえに、そもそもコミュニティがつくれない状態＝不可能なコミュニティとなってしまっているのである[8]。

世界的に都市空間の二極化が進行する中、公営団地をめぐる問題は八〇年代以降、英米仏でも同様に発生しているが、日本特有の問題として「高齢者の占める割合が高い」ことが指摘される（欧米の公営団地においては「高齢者の集中」は珍しく、むしろ、若年層の割合が高い）。高齢者も外国人も「自力で民間の住居を確保することが難しい」という点で共通しており、いずれもが「住宅弱者」であり、かつ「貧困」を抱えているのである。

現状では、「自立」支援として社会的弱者を同じ空間に集中させる＝団地に入居させようとしているが、それは異なったリスクを抱えた人びとを集めて団地を（福祉）施設化していることに他ならない。福祉的色彩を強めた団地は、コミュニティとしての活力を失う。問題を抱えた人びとを一カ所に集めることで、その空間のネガティブなイメージが増幅し、そこの出身というだけで軽蔑されるような事態が発生するのである。このようなマイナスイメージが定着すると「住民は自己の尊厳を守るため……そこから抜け出すことを画策するようになる。団地内で学力が高いなどの個人的資源を持ち、社会的上昇の可能性を持つ者は、団地からの「脱出」を目指し、それに成功することが多い」――能力の高い者が転出すると、団地の潜在的な力はいっそう低下し、立て直しは困難になるのである。[9]

　以上のような形で描き出される状況は、社会学者ゴードン（Milton M. Gordon）によって発案された「エスクラス（ethclass）」状況として捉えられるべきだと樋口は指摘する。エスクラスとは、「エスニシティ（ethnicity）」と「階級（class）」を掛け合わせた造語であり、それら二つの重なり合った状態を意味している。このようなエスクラス状況は実のところ、日本人のトヨタ期間工でも事情を一にしている。「期間工」という（脱着不能な）属性は存在しないが「ブラジル人」という属性は存在するため「ブラジル人問題」というカテゴライズが行われることとなるのである。このような「エスクラス」を構成する要素のうち「エスニシティ」にしか目を向けない「共生」ではなく、「クラス」＝政治経済的領域にも目を向けた「統合」が目指されるべきなのである。

　従来の「多文化共生」を掲げる議論は、結果的には同化主義と変わらず、排除的言説さえ産み出してきた。さらには問題を「社会文化領域」に矮小化するがゆえに、根本的解決の道筋を示せないできたとも言え、この状況で必要なのは、現在支配的な「顔の見えない定住化」を帰結する均衡から、より人間の発達に寄与する均衡に至るための条件を整備することであり、それこそが「統合」なのである。

　すなわち、「政治経済的な平等」と「社会文化的な相違の維持」[10]である。前者に関しては、現状を「政府の失敗」、「市場の失敗」に起因するものとみて何らの規制もなく過度にフレキシブル化の進んだ労働市場に国家が適切な介入を行い、より望ましい均衡を作り出す必要がある。また、後者に関しては、「外国人が自文化を保持する権利」を明記すべきだと樋口は主張している。以下の最終節では、このような「政治経済的」観点を重視した「統合」を法哲学／政治哲学的に基礎づける議論を検討することにしたい。

六　福祉国家とナショナリズム

私じしんが日系ブラジル人問題を初めてはっきりと認識した原点は、映画『サウダーヂ』(二〇一一)だった。この映画は、山梨県甲府近辺の貧困家庭に育った日本人愛国ラッパー[11]、日系ブラジル人、日本人建設労働者、そしてタイ人ホステスの四つ巴の人間模様の交錯を描き出したもので、郊外の徹底的な凋落とその思いも寄らないグローバル化を完膚なきまでに剔抉したものである。

登場人物のすべてに共通するのは、圧倒的に「出口なし」の現状から脱出できない苦悶である。物語の終盤、登場人物のひとりである愛国ラッパーは、精神に異常をきたした弟から自作の三種の神器を授けられ、自らの個人的窮状のすべての原因をブラジル人に帰した上で、彼らのひとりを路上で刺傷する。

サミュエル・ジョンソンの有名な言葉に「愛国心はならず者の最後の避難所である(Patriotism is the last resort of scoundrels.)」というものがあるが、これはアンブローズ・ビアスが後に正しく言い換えているように「最初の避難所」の間違いなのである。しかし、「ならず者」たちが、そこを最後にせよ最初にせよ、拠り所にするのには、彼らなりの理由があるのではないか。——労働市場の逼迫を支えてきた日系ブラジル人も、劣悪な家族環境・労働環境に苦しむ建設労働者兼愛国ラッパーも、同じ苦界でもがく「同胞(compatriot)」なのではないか。

近年においては、とうとう青年誌に連載されたマンガ媒体でも日系ブラジル人ギャングが真正面から描かれることとなる。『ギャングース』の作中、振り込め詐欺の金庫の張り番をしていた日本人・張本は、自分たちの弟や妹たちを守る場所を手に入れたいと願う日系ブラジル人ギャング少年の左のような絶叫に接し、義侠心から「俺は今から日本人をやめる！　俺のことは今後ホセと呼べ！」という絶叫をもって共振する。

> 別に死んでもいいし殺してもいい！　金作って俺らの弟や妹たちとか俺らの子供が生きてていって場所を作るためなら……わかったかニッポンジン！（肥谷圭介・鈴木大介『ギャングース』講談社、第九巻）

他方、張本の金庫を強奪したタタキ屋（犯罪者の収益を狙う強盗団）の日本人少年たちは、劣悪な生育環境とその後の境遇（養護施設出身、少年院あがり）がために「ピカチュー」も「嵐」も知らないことから、合コンの席上、同世代の女子たちから「施設とか怖いし……あんたたちマジで日本人？」と言い放たれる（『ギャングース』第八巻）。――闇金の金庫の張り番も日系ブラジル人の少年ギャングたちも、施設・少年院出身の強盗団の少年たちも、みな同じなのだ。そして彼らが欲するのは弟妹や子どもが安んじて暮らすことのできるパトリ（patrie）なのだ。

最後に、以上のような問題状況のすべてを考える上で最も重要な視座について検討し、本章を締めくくることとしたい。それは「福祉国家」と「ナショナリズム」の関係である。これまで述べてきたような人びとが安んじて暮らすことのできるパトリは、福祉国家によって制度的に提供されるものであるが、福祉国家体制は、そもそもドメスティックな再分配を前提とするものであり、そこではコスモポリタンな再分配は排除されていることが明確に意識されなければならない。

　福祉国家による給付対象の範囲画定はナショナリティの問題であり、それは「同胞とは誰か」という問いに他ならないのである。この点については、ドメスティックな福祉国家体制がナショナリズムと不即不離であることを論じたデイヴィッド・ミラー（David Miller）の議論が参考になるだろう。ミラーはリベラル・ナショナリズムの代表的な論者であるが、次のような形で福祉国家の基礎としてのナショナリティ／ナショナリズムの必要性を論じている。

> とくに、市場での取引を通じて自活できない者に対する再分配を含む枠組みを各個人が支持する条件について考えるとき、信頼は特別な重要性を帯びるようになる。この意味での福祉国家を目指し、同時に民主的な正統性も保持しようとする国家は、構成員がそうした正義の義務をお互いに承認しあっている共同体に基礎を置いていなければならない。……ナショナルな共同体は、実際にこの種の共同体である。（富沢克・長谷川一年・施光恒・竹島博之訳『ナショナリティについて』風行社、二〇〇七年、訳一六三頁）

　ミラーによるなら、このような意味でのナショナリティは、既存のナショナリティを支持する多数者側が安穏と、もたれ掛かることができるものとしてではなく、国内のすべての社会集団を包摂しうるものとして、民主的討議[12]を通じた解釈作業によって修正可能なものでなければならない。

外国人研修生のような恥ずべき不公正な搾取を許容しない、「健全なナショナリズム」と「真摯な福祉国家」の結合[13]以外にドメスティックで公正な国家像の構築など、どだい無理なのである。ゲイツ財団のように租税回避した上で飢餓救済に資金を注ぎ込むようなコスモポリタンな再分配を遂行する覚悟がないのなら、われわれに残された選択肢は「ナショナルな社会民主主義」以外に存在しない。「ナショナリズム国内再分配派」と「コスモポリタニズム世界再分配派」のいずれか一方をしか選べない、ということを可能な限り多くの人びとが理解すべきであり、このことを明晰判明に了知しない者は、右派も左派も滅ぶべきである。[14]

以上からも明らかなように、今後、福祉国家を適切に維持しようとし続けるのなら、われわれは自らのナショナリティ、つまり「日本人であるというのはどういうことなのか」という問いに対して真剣に向き合い、場合によってはその内容を改訂する身を切るような努力をしてゆかなければならなくなるだろう。もちろん、この努力は大きな痛みも伴うものだが、しかし、それに耐えられないのならば、福祉国家体制の前途は存在しない。あえて言うが、われわれは「われわれ自身のナショナリズム」と正しい形で真摯に向き合わなければならないのである。

〈補記〉本章で論じたような問題状況を理解する上で非常にすぐれた読み物として、次の二冊をこの際、是非、お薦めしておきたい。かつて井上達夫（法哲学）から教わった「哲学者の朝の祈りは新聞を読むことである」という言葉を私は愛好するが、優れたノンフィクションを読むことには同様の功徳があるはずだろう。

文献

安田浩一（二〇一〇）『ルポ　差別と貧困の外国人労働者』光文社新書
安田峰俊（二〇一五）『境界の民』角川書店

註

（1）その前身は海軍機を製造していた中島飛行場小泉製作所であり、そこで生産されていたものこそが、零式艦上戦闘機（ゼロ戦）だった。

（2）実際わたし自身、先述の大泉町から太田市方面へタクシーに乗った際には何度も「本社からの出張ですか？」と聞かれた。

（3）難民問題は、欧州で起こっている他人ごととしてではなく、われわれ自身の問題として考えておかなければならない。われわれが最もリアリティを持って想定しなければならないのは、半島有事の際、北朝鮮から流入してくるだろう難民である。石丸次郎『北朝鮮難民』（講談社現代新書、二〇〇二年）によるなら、そのほとんどは陸続きの中朝国境を越えると予想されているが、推定一万人程度の北朝鮮難民の日本への流入が予想されると言われている。韓国への脱北者の手記などを読めば分かる通り、彼らは「並みの難民」ではないのだ。資本主義も議会制民主主義も一切知らず（東ドイツでさえワイマールを経験していた）、長期にわたって飢餓線上に置かれた結果、著しい発育不全やそれに伴うＩＱの低下、そしてわが国では一時に百人オーダーでは物理的に対応不能な多剤耐性結核に罹患している可能性のある難民なのである……。この点に関しては、是非、ブレイン・ハーデン著『北朝鮮14号管理所からの脱出』

(白水社、二〇一二年)を手に取っていただきたい。

(4) 原語では"societal culture"で、「(その集団を構成する)メンバーに対して、社会・教育・宗教・余暇・経済生活のすべてを含む人間活動にわたり、また公私の領域にわたって、有意義な生活様式を供給するような文化」のことを指す。

(5) Obiorat, Amede L. (1997) Bridges and barricades: Rethinking polemics and intransigence in the campaign against female, *Case Western Reserve Law Review*, Vol.47, Issue 2. を参照。

(6) この点に関しては、樋口陽一『近代国民国家の憲法構造』東京大学出版会、一九九四年刊などを参照されたい。

(7) 「多文化共生」という言葉は、一九九五年、阪神淡路大震災の経験から生まれた「多文化共生センター」をその嚆矢とするものであり、その後、総務省が二〇〇五年に設置した「多文化共生の推進に関する研究会」の報告書を受ける形で、政策用語として自治体レベルでも定着するようになったものである。これも含めたわが国の自治体レベルでの「外国人政策」に関する簡明なものとして、国立国会図書館・調査及び立法考査局の小笠原美喜による「「多文化共生」先進自治体の現在――東海及び北関東の外国人集住自治体を訪問して」『レファレンス』平成二十七年八月号を参照されたい。

(8) 森千香子「郊外団地と「不可能なコミュニティ」」『現代思想』二〇〇七年六月号を参照。

(9) 森千香子「「施設化」する公営団地」『現代思想』二〇〇六年十二月号を参照。

(10) この点に関しては、先にマリクが指摘した「文化的差異の公的な承認」を通じた「多様性の制度化」という問題が存在しており、私じしんも留保が必要だと考えているのだが、今回は紙幅の関係上、この点については割愛する。

(11) わが国において、自らの苦境をラップの歌詞に乗せて歌う深刻な事例としては、「鬼」による『小名浜』や、「Anarchy(アナーキー)」による『Fate』(いずれもYouTubeで視聴可能)などに、その極点を見出すことができる。そこには、フランスの郊外でラップに乗せて絶望を歌う若者たちとの相同性さえ見出すことができるだろう。いずれも是非、YouTubeで視聴されたい。また、フランスにおける暴動とラップの関係については、森千香子「炎に浮かぶ言葉――郊外の若者とラップに表れる「暴力」をめぐって」『現代思想』二〇〇六年二月臨時増刊号を参照されたい。

(12) ただ、この点に関しては、公民権運動の金字塔たるブラウン事件(一九五四年)に見られるように「民主的正統性に最も乏しい司法府」の「非民主的議論」によってアメリカでの人種差別の解決が領導されてきた点などに留意する必要がある。——大屋雄裕「配慮の範囲としての国民」中野剛志編『成長なき時代の「国家」を構想する』（ナカニシヤ出版、二〇一一年）を参照。

(13) 筆者は、このような事柄を政治的に実現するための現実的な処方は、「健全な国防ナショナリズム」と「真摯な社会民主主義」を結合させた往時の「民社党」的な政治勢力の再興しかないのではないかと考えるが、この点については近日中に別稿でさらに詳細な議論を展開することにしたい。

(14) この点に関しては、安藤馨氏（法哲学）との会話で非常に重要な示唆をいただいた。ミラーの議論も含む移民政策と福祉国家との関係についてのより詳細な議論は、同氏のサイトに掲載された以下のペーパーを参照されたい。
Ando, Kaoru (2015) Ethics of State Control over Immigration.

第八章　モスク幻像、あるいは世界史的想像力

二〇一五年十一月十四日の早朝、羽田空港の国際線ターミナルでジャカルタ行きの便を待っていた私は、出発便の搭乗ゲートでパリ同時多発テロの発生を知った。ちょうど隣のゲートがパリ行きだったため騒然とした雰囲気の中、慌ただしく機上の人となった私は、一億九千万人以上のムスリムを抱える世界最大のイスラム人口国、インドネシア共和国へと向かったのだった。

　二億五千万人、世界第四位の人口を抱えるインドネシアは、神鳥ガルーダをあしらった国章の中の「多様性の中の統一（Bhinneka Tunggal Ika）」という言葉が示す通り、多文化主義を標榜する国家である。国内にはキリスト教、ヒンドゥー教、仏教、儒教の信者も存在している。

　今回はジャカルタから車で三時間ほどのところにある高原都市バンドゥンの大学も訪れたのだが、そこからジャカルタへの帰路、スンダ人ドライバーのKusrianが気を利かせ、見事な景色を堪能できる裏道を通ってくれた。ハイウェイではない曲がりくねった山岳地帯の道中、助手席に乗った私は英語と二十年以上前に習った拙いインドネシア語で彼との長い会話を楽しんだ。

　その際、彼は数日前のパリ同時多発テロに哀悼の意を示すFacebookアイコンの「トリコロール化」について触れた。彼の口調に非難がましいところはなく穏やかなものだったが、それは次のようなも

のだった。――「毎日同じか、それ以上の子どもを含むムスリム同胞がシリアで殺されたり、難民になったりしているのに、なぜパリだけが特別視されなければならないのか？」と。事件の直後、ウェブ上でも取りざたされていた事柄ではあるが、このことをムスリムの口からじかに聞くのは重い。また、滞尼中、彼も含め多くのムスリムから繰り返し聞いたのは「彼らはわれわれとは違う」という言葉だった。彼らとはＩＳであり、テロ事件の犯人たちである。当たり前のことではあるが、ひと口にムスリムといっても、決してそれは「一枚岩（monolithic）」ではない。私は帰国後テロ関連のニュースに接するたびに、この時に出会い言葉をかわした人びとの顔を思い浮かべた。

本章の母体である「郊外の多文化主義」の中で紹介したケナン・マリクは、パリ同時多発テロを受け、早速十二月八日付で「欧州の危険な多文化主義（Europe's Dangerous Multiculturalism）」という論文を『フォーリン・アフェアーズ』誌に投稿しているが、その中では若いムスリムたちの「過激化（radicalization）」についてまことしやかに流通する定説に反駁を加え「一枚岩のイスラム過激派」という過度に単純化された枠組みを批判している。

マリクの話を簡約すると、「イスラム過激派からの思想的影響」や「統合の失敗」が過激化とその帰結としてのテロを引き起こしているとされるが、前者に対しては、例えば英治安情報機関ＭＩ５の漏洩資料を示しながら、イスラム原理主義の過激な宗教思想に影響されたわけではなく、むしろ彼らは宗教的実践にあまり熱心ではないことを明らかにしている。また、後者については、彼らは裕福な家庭の出身であったり高い教育を受けていたりするわけで、必ずしも統合の失敗ではないことを論じている。シャルリ・エブド事件の首謀者はモスクにはほとんど通っておらず、信心深かったというわけでもないし、パリ同時テロの首謀者はベルギーのトップクラスの中学に通っていたのだった。
マリクによるなら、統合に失敗したムスリムの若者がイスラム原理主義思想に触れて過激化し、テロへと走ったという枠組みは過度の単純化である。われわれは、現に日々の生活を営む膨大な数のムスリムたちとイスラム世界の襞《ひだ》を、より繊細な微視的観点から知ろうとする必要があるのではないだろうか。

他方、巨視的観点からするなら、以下のような「世界史的想像力」を働かせる余地もあるように思われる。すなわち、イスラム教の起源は、三大天使のひとりガブリエル、アラビア語ではジブリールからムハンマドがアッラーの啓示を受けたとされる西暦六一〇年頃だが、それから数えるなら現在は〝一四〇五年〟――時間軸上でのキリスト教との単純な対比で言えば、イスラムは十五世紀のただ中にあるということになる。ヨーロッパの十五世紀は、プロテスタントの先駆であるヤン・フスが火刑に処され、同時にルネッサンスが花開いた時期でもあった（日本は室町時代で、足利義満が明との間で勘合貿易を行い、金閣寺を建立していた）。

ヨーロッパにおける宗教的虐殺の一つの頂点は、一五七二年にフランスで発生したサン・バルテルミーの大虐殺であり、そこではカトリック（旧教）が数千から数万に及ぶユグノー（新教）を虐殺した。この大虐殺への深刻な反省から、宗教的対立よりも政治的配慮を優先するポリティークが現れ、そしてジャン・ボダンの近代的主権理論とともに「宗教的寛容」が産み出され、さらには現代へと連なる欧州的近代の起源たる一七八九年の革命が準備されたのだが、この間じつに二百十七年の歳月が費やされている。

イスラムとの「文明の衝突」のただ中にあるとされる西洋文明の根幹をなすキリスト教の側も、しかし、決して単線的に「進歩」しているわけではない。周知の通り、ＩＳ殲滅の急先鋒に立つアメリカでは現在でもキリスト教原理主義が強い影響力を持ち、つい最近十一月二十七日にもキリスト教テロ組織を称賛する原理主義的保守派の男性によってコロラド州の人工妊娠中絶を行うクリニックが銃撃され、十二人の市民と警官が死傷している。合衆国憲法修正第一四条が女性の堕胎の権利を保障していると初めて判示し、妊娠中絶を規制するアメリカ国内法の大部分を違憲無効としたロー対ウェイド事件の判決が下されたのは一九七三年であり、今回の銃撃事件は、それから四十二年もの年月が経ったあとの出来事なのである。——冒頭でも触れたパリでのテロ事件と、この事件の間に何か本質的な違いがあるだろうか。

　さきに述べたKusrianとの会話を楽しんだジャカルタへの帰路、山沿いの裏道からハイウェイ一号線へと合流する直前、突如として姿をあらわす見たこともないくらい巨大な、骨組みだけのモスクが野っぱらに屹立していて、私はしばらくの間、取り憑かれたようにそれから目を離すことができなかった。あれがいまだ建設途上のものだったのか、あるいは立ち枯れたままに放置された廃墟だったのか、今となっては知るよしもないが、私の心の中ではイスラムだけでなくキリスト教も含む世界史への想像力の奔流が、このモスクの姿と重なり合いながら曖昧に像を結んでいる。

第九章　ミートボールと立憲主義

一　背景

二〇一五年以降、ヨーロッパはいわゆる「難民危機」に直面し、現在でもそれは喫緊の問題として前景化し続けている。また、この間、欧州各国においては、反移民、そして反イスラムを掲げた極右政党が伸張し続けている。

最近では、移民や難民の受け入れに寛容とされてきたスウェーデンでも、このような右傾化の傾向がいっそう明白になりつつあり、二〇一八年九月に行われた議会選挙では、「反移民」を掲げる極右・スウェーデン民主党（Sverigedemokraterna）が第三党としてさらに議会での勢力を伸張させた。

北欧諸国は日本では一般的に手厚い福祉、高い教育水準などから理想的なイメージを持たれ、また、移民や難民の受け入れに対しても多文化主義的な寛容さを持ち合わせた国々であるといった印象を持たれている。しかし、先述のスウェーデンの政治情勢からも明らかなように、北欧全体が移民／難民問題、特にイスラムとの関係で大きく揺らいでいるのも、また事実なのである。

翻ってわが国における移民／難民問題を見てみるなら、これまで日本は世界的にも稀なほど厳しい入国管理体制を敷いてきており、基本的に単純労働者は、原則として一切受け入れない姿勢を貫いてきた（なお、日系ブラジル人労働者といわゆる「技能実習生」だけが、姑息なバックドア的な例外として存置されてきたのではあるが）。

そのような中、政府は、二〇一八年六月十五日に決定した「経済財政運営と改革の基本方針」（骨太の方針）の原案で[1]「新たな在留資格」を設けることを明記し、外国人労働者の大幅な受け入れ拡大の方針を示した。

受け入れ対象を実質的に単純労働者にも拡大し、専門職に限定されていた従来の方針を事実上、大転換することになったのである。今後、五十万人超の受け入れ増を見込んでおり、これをもって「実質的な移民政策の開始」、あるいは「ベルリンの壁の崩壊にも匹敵する」事態と評する向きもある。

本章においては、冒頭で触れた欧州における移民／難民をめぐる諸問題を改めて検討しつつ、日本の置かれた状況に対する議論の端緒を開いておきたい、というのがモチーフの一つをなしている。以下では欧州の現況を改めてつぶさに観察することから始めよう。

二　ミートボール戦争

先にスウェーデンに触れたが、同じく北欧諸国の一つであるデンマークは教育・福祉水準の高さとも相まって、世界でも「最も幸せな国」とも称され憧憬を集めている。[2]しかし、他面において移民／難民をめぐり深刻な問題を抱えた国でもある。

世界有数の豚肉生産国であり人口の二倍以上の数の豚を抱えるデンマークでは、豚挽肉を素朴に調理したミートボールが「フリカデッレ（Frikadeller）」と呼ばれる国民食である。日本国内のＩＫＥＡで売っているスウェーデンのミートボールと同じようなものだと思ってもらえればよく、北欧で広く食されている料理である。

デンマークでは現在、これを学校給食などで提供することを義務化する立法（豚肉条例）がいくつかの自治体で行われ、激しい議論を呼んでいる。この背景には、豚肉食を「ハラーム」として禁忌するムスリムに対するイスラモフォビアが存在しているのである。これに対して多文化主義的観点や当事者であるムスリム社会の側から強い批判がなされているが、このような状況を指して「ミートボール戦争（Meatball War）」と呼ぶ。[3]

デンマークには、総人口の四〜五パーセント程度のムスリム住民が存在し、七〇年代、トルコ、パキスタンなどから「労働者」として移住してきていたのが、八〇〜九〇年代には、イラン、イラク、ソマリアといった国々からの「難民」や「亡命希望者」に取って代わられるようになった（BBC調査。参考までに日本の在留外国人は全体で一・八パーセント、東京で四パーセントである）。

先述のミートボール戦争において学校給食への豚肉食の提供強制を推進する人びとは、いわゆる「福祉排外主義（welfare chauvinism）」に駆動されており、これまで高齢者介護施設だったものが移民の宿泊施設に転換されていることなどに対し、「福祉の横取り」が行われているといった形での強い不公平感を抱いている。彼らは極右・デンマーク国民党（Dansk Folkeparti）の党員・支持者となって先述の豚肉条例に賛同し、「移民や難民が問題を起こすのを防ぐためには豚肉が必要なんです」と主張するに及ぶのであった。

国民国家は基本的に「同胞」の範囲を画定した上で成り立つものであり、このようなある種の排除的な成員境界の同定に基づいた福祉国家の正当化は、リベラル・ナショナリズムなどの議論にも明白に見て取ることのできるところである［Miller1995］。

デンマークは実のところ元々「移民」に厳しい国であり、隣国のスウェーデンと比べるなら、その差は際立っている。二〇〇一年十一月のデンマーク総選挙で、移民規制の強化を訴えた自由党が躍進したが、その結果、極右・デンマーク国民党が閣外協力し、デンマーク人が外国人と結婚しても、二人とも二十四歳以上にならないとデンマークに呼び寄せられないという厳格なルールが導入された。ここでの狙いは、イスラム系移民の増加の抑制である。

また、デンマークはいわゆる「難民」も排除している。二〇一五年以降、大量のシリア難民が欧州に流入してきているが、ブリュッセル連続テロを受けた「キリスト教からの反撃」として、二〇一五年六月の政権交代後、明確な難民排除を開始している。

具体的には、デンマーク国民党が第二党に躍進し、少数与党に閣外協力するようになった結果、難民への支援金を半額にし、家族呼び寄せを厳格化することとなった。また、難民資産徴収法（移民財産没収法）に基づき、難民が携帯した邦貨換算で約十七万円を超える現金などは徴収して他の難民のために使用することとした。これはナチスによるユダヤ人からの財産（貴重品）の没収を想起させ、国際的に強い批判を招いた。この施策は、ＵＮＨＣＲからも厳しい批判を受けたが、デンマーク政府は難民条約には何も違反していないと主張し、批判を突っぱねた。

以上のような経緯の中、デンマークは、さらに二〇一八年五月三十一日、ブルカ・ニカブの着用禁止を議会で決定した。これによって、公共の場で顔を隠すものを着用する者は誰であれ、罰金を伴う処罰を受けることになったのである。着用した場合には、一千クローネ（約一万八千円）の罰金を科され、また、繰り返し違反した場合には最大一万クローネ（約十八万円）の罰金が科される。なお、ノルウェーも、この数日後の六月六日にデンマークに続きブルガ・ニカブを禁止する議会決定を行ったのだった——冒頭に記したような、「ミートボール戦争」に類する戦火は燎原の火のように燃え広がり、もはや北欧におけるイスラモフォビアは覆いがたい事実となりつつあるのである。

三　多文化主義の限界と文明論的ポピュリズム

ここで、これまで欧州の移民政策を支えてきたリベラルな多文化主義には大きな内在的問題があることが注記されておかなければならない。既に別のところでも記したこと［谷口二〇一五＝本書第七章］を簡明に繰り返しておくが、リベラリズムと多文化主義は、往々にしてジェンダー／セクシュアリティをめぐって鋭い衝突を起こすことになる。

最も典型的な問題は、いわゆる「ヴェール問題」であり、ヒジャブ・ニカブ・ブルカなど様々な形態があるムスリム女性がかぶるヴェールについて、それをムスリム文化の「男性側からの抑圧」の宗教的表徴として非難し、またリベラルな政教分離に基づいて、その着用を禁圧すべきだとする議論である。

このような軋轢の極致は、オランダの政治家ピム・フォルタイン（Pim Fortuyn:1948-2002）の主張に見出すことができる。フォルタインは、ゲイの当事者として、フェミニズムを含むリベラルな社会運動の成果を称賛しつつ、それらの理念に背馳するものとしてイスラムを排撃するのである［水島二〇二二］。このような動きは、フォルタイン単独のオランダでの単発的／一過的な現象ではなく、後述の「文明論的」なイスラム排除として、現在、大きな潮流の一つをなしている。

このようにＬＧＢＴの人権とそれを原理的に許容しないイスラムを対置させた上で、前者を擁護するリベラルな立憲主義の立場から後者を論難・排除するような立場を仮に「フォルタイン・テーゼ」と呼ぶなら、このテーゼに対してリベラルな立場、あるいは立憲主義に立脚した上で反駁するのは、理論的にかなりの困難を抱えることになるのではないだろうか。フォルタイン・テーゼは、いわば、リベラルが背負い込んだ一つの重大なアポリアなのではないだろうか。

先に触れた通り、フォルタインのような形でイスラムに向けられる排除的言説は、現在「文明論的ポピュリズム（civilizationist populism）」という形で欧州の政治空間に拡散する潮流とも共鳴している［Burbaker 2017］。最新の移民排斥右派は「文明」という話を使うのである。彼らは、「キリスト教・世俗主義・親ユダヤ主義・イスラムフォビア」のコンビネーションを「欧州文明」として規定する。そこでのキリスト教は実体的なものではなく、イスラム排除に資する限りで選択的な世俗性の受容が行われ、また、イスラムの犠牲者として女性や同性愛者をとりあげ、彼らを守るためにこそ、ジェンダー平等や同性愛者の権利が必要だと論じられるのである。もちろんユダヤ人も、その犠牲者の中に数えられる。このようにして、従来、影響力が及ばなかった選挙民の層へとアウトリーチを伸ばすのだが、その結果は近年の欧州各国の議会選挙などにおける移民排斥右派政党の伸張に明瞭に現れている通りである。彼らは従来的な移民排斥を駆動してきた「ナショナリスト」ではない。ここでの境線は「国民／国家」ではなく「文明」なのである。このような動きに対しては、彼らによるイスラムの「排除」が、対象であるイスラムの「硬化」をもたらす点で、自己実現的な予言の性質を持つのではないかという批判もなされている。

以下では、以上のような問題状況を前提にした上で、フォルタイン・テーゼにおいて立憲主義（あるいはリベラリズム）と呼ばれているものが何を意味しているのかを改めて検討に付すことにしたい。

四　立憲主義の生成経路と構造をめぐる問題

「立憲主義」が何であるのかについては、特に日本国内では二〇一五年以降いわゆる「安保論争」の中で、それ自体が一種のバズワードになってしまったこともあり、内容が曖昧化してしまっているところもあるので、以下では、その内実に関して簡単な図式化を行っておくことにしたい。

長らく憲法学のスタンダードな教科書であり続けた芦部信喜の『憲法』を繙いてみるなら、「立憲主義」的憲法とは「個人の権利・自由を確保するために国家権力を制限することを目的とするが、この立憲主義思想は法の支配（rule of law）の原理と密接に関連する」と記されているのが、まず目に飛び込んでくる。さらに、このような近代「立憲主義」は「近代市民革命を経て近代憲法に実定化された」ものであり、「十九世紀の「自由国家」の下でさらに進展した」ものであるとされる。それは

「国家は国民生活にみだりに介入すべきではないという消極的な権力観を前提」としたものであり、その本来の目的は「個人の権利・自由の保障」なのである。[4]

この芦部定式は、分節化の度合いが低く実質的意味が希薄なので、さらに近年における代表的な憲法学者による議論を見てみよう［長谷部二〇〇四］。

長谷部恭男によるなら、このような「立憲主義」の思想は、かつて歴史的に存在した「正義の情況(circumstances of justice)」――人間が正義を必要とするに至る情況の中で産み出されたものとして説明される。とりわけ、立憲主義の生成との関係では、この「正義の情況」の主観的条件――人びとの関心や必要の対象が互いに重なり合うが、それにもかかわらず、一人ひとりは独自のライフ・プランを持ち、何が善い生き方であるかについて異なる考え方を持つこと、また、人が持つ知識や理解や判断の能力は、十全なものとは言い難いことが、重要になってくるのである。

この主観的条件＝何が人としての善い生き方であるかに関する考え方が多様であるという事実については、古今東西を通じて人間の共通了解があったとは言いにくい。そうした認識が明確に打ち出され、それを社会の構成原理である正義の前提条件とする考え方が成立したのが、宗教戦争を経た後の近代ヨーロッパだったのである。

長谷部は、政治思想家、リチャード・タックによる説明枠組みを祖述しながら、次のように敷衍する――宗教改革後の争乱は、カトリックとプロテスタントの間に膠着状態を生み出し、お互いを悪魔の手先とみなす価値観・宇宙観が対峙する社会で生きて行かざるを得なくなった。しかし、彼ら全員に共通していたのは、「自己保存」だった。そこで、人間の見解の最低限の一致を挺子として局面の打開をはかったのが社会契約説である。生まれながらの自己保存への権利＝自然権を持つという考えをベースに異なる社会観の共存しうる社会の枠組みを構築しようとした……これこそが「立憲主義」の始まりなのである、と。

ここでは、多様な価値の「比較不能性」という事実が確認され、価値観の対立が、社会生活の枠組みを設定する政治の舞台に入り込まないようにする必要が認識されることになる――「公私区分」の発生である。ここにおいて、政治と宗教の区分が要請され始めることとなる。

長谷部は以上のような「公私区分」生成のプロセスを述べた上で、その「構造」について次のように説明する。すなわち、立憲主義は、各自の生き方に関わる価値の「比較不能性」を前提とした上で、各人の多様な「善き生の諸構想（conception of good life）」について多様であることをよしとし、これら私的領域における諸構想に基づいた主張（あるいはreasoning）を公的領域に持ち込むことを禁止するのである。

国家（政府）は上述の多様な善き生の諸構想に関して、それぞれの価値の内実には立ち入らず中立的な立場を取り、それらを禁圧もしなければ促進もしない。

ここでの立憲主義は、いわば公私区分の境界線上をパトロールするものであり、境界侵犯を取り締まることを、その任務とするのである。ある意味でこれは、立憲主義がリベラリズムの機能主義的／動態的側面であるという説明になっているようにも思われる。

なお、公的領域の側には、「善き生の構想（good）」とは峻別された「正義の概念（just）」が存在しており、これは政治共同体に属するすべての人びとを規律する公共的枠組みであり、それは多様な善き

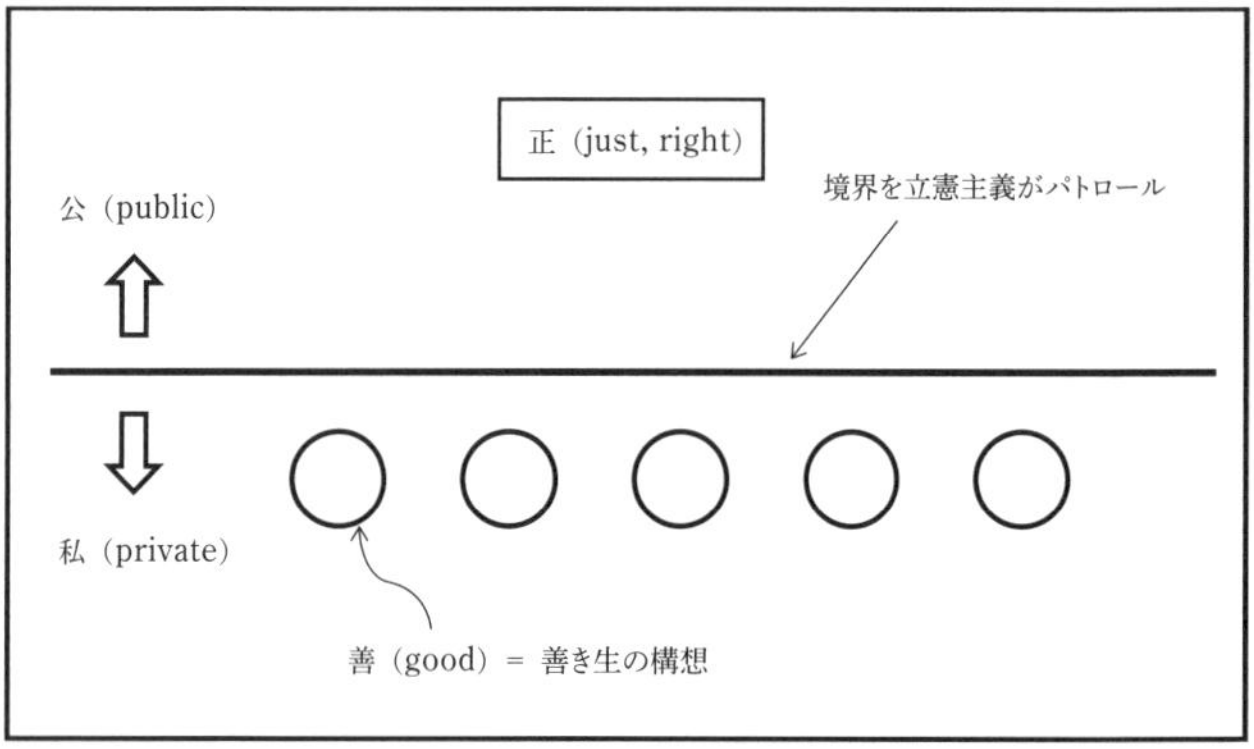

図1

生の諸構想から独立に導出されなければならないのである。以上のような長谷部の論議を図式化すると次のような形で表される（図1）。

また、長谷部において説明された「立憲主義」とも相接する「リベラリズム」について以下のような形で、その生成過程についての説明がなされているのも注目に値する［Holmes1993］。

すなわち、スティーブン・ホームズの手になるアクロバティックな政治思想史的説明によるなら、リベラリズムの父は、従来その敵対者として考えられてきた、絶対王政、さらにいうなら「主権」論なのである。ホームズは次のような物語を描き出す。カトリックとプロテスタントが相克する宗教戦争は最終的にコンフェッショナリズム（信仰告白が即、政治的／物理的闘争へと転化してしまう状況）をもたらし、欧州は荒廃した。そのような中、世俗の秩序を信仰に優先させることで最低限の秩序を回復しようとする動きが出てくる。第三の道としてのポリティークである。ジャン・ボダンは、このような考え方をいわゆる「主権論」として理論化し、集権化された国王権力を主権として定立した（絶対主義王政）。

ボダンの主権論においては、主権は絶対的な万能物であるが、しかし、そこには制約が存在し、万能であるのに制約されているという謎が出来するが、これこそがボダンの思想の鍵であり、権力はその選択肢を部分的に閉ざされることによって、かえって強靭となるという積極的なパラドックスが、ここには示されているのである。

このような積極的な制約による主権の強靭化の典型例が、ボダン自身が推進した宗教的寛容であり、そこから発生した「政教分離」によって、信仰にまつわる諸々を公的領域から排除し、公的領域＝政治のアリーナにおける「妥協」が可能となったのであった〔阪口二〇〇一〕。

本章における重大なモチーフの一つは、上述いずれの説明図式においても重要な役割を果たし、立憲主義やリベラリズムの生成過程において不可欠な「経路（pathway）」として登場した「宗教改革」のようなモメントが果たしてイスラムには存在するのか、そして、ホームズの語る物語の中で現れたような「主権」の生成が、イスラムの根本的教義に照らして可能なものなのか、ということなのである。

このようにイスラムはわれわれが立憲主義やリベラリズムについて知っているような生成経路とは別の、例外的な歴史の時間線を進んでいるのではないかという疑問が出来するのである。

このような点でイスラムを「例外的な存在」とみなすような議論を「イスラム例外主義（Islamic Exceptionalism）」と呼ぶが、これは従来、リベラルから総スカンを喰う「禁じられた問い」であった。

しかし、九・一一以降のアメリカの政策論の転換に伴い、それを支える思想・理論的基盤として登場することとなった。この議論においては、イスラムの教義解釈における「末梢的な分派」と「正統」という二分法は斥けられ、リベラルが従来主張してきたように「人のアイデンティティは可変的なもの」ではないとされる。「宗教の伝統は解釈者が自由に作りかえられるパテではない。確かに変わるが、変化は緩やかなもので、かなり強い慣性の力に抗してのものである」（クック）ことが主張されるのである。そこではテロなどへ走る要因を社会経済的なバックグラウンドに帰す議論（物質要因還元論）は斥けられ、「宗教には意味がある」ことが主張される。したがって「歴史は、より合理的で世俗的な未来に向かって進む」という「リベラルな決定論」（例外主義の否定）もまた、否定されるのである［池内二〇一八］。

五　教理・人口・文明

コーランの解釈について筆者は言うまでもなく門外漢であるが、それに関して「リベラルな解釈」と「原理主義的解釈」が存在することは事実として認識している。

例えば、リベラルな解釈の典型的なものとしては、カラー・パワーの『コーランには本当は何が書かれていたか？』などを挙げることができるだろう［Power2015］。ベストセラーにもなったこの著作は実に興味深い内容であり、イスラム即テロを駆動する宗教という考えを打ち砕くに十分な内容を持っている。

しかし、他面において、コーランその他を（原理主義的に）解釈した上で、それに則ってテロ行為に及ぶ人びとも現に存在しているわけである［飯山二〇一八］。一体いずれの解釈が正しいのか。言い換えるなら、「極端な解釈」と「リベラルな解釈」との間の質的な相違とは何なのか。

これに関しては、さきに正直に申し述べた通り、「門外漢」としては「分からない」と言うのが正解であるべきで、だからこそ、むしろあえて教義の「内容」には立ち入ることなく、それによってもたらされる「帰結」のみによって評価を行うしかないのではないかと思われるのである。これはある種の「行動主義（behaviorism）」的解釈とでも呼ぶべきものかもしれない。

このような「帰結」を見てゆく上で、『棄教者たち（*Apostates*）』という著作は示唆的である。本書によるなら、かつてはイスラムの教えの下にあったが現在では棄教している元ムスリムたちについて、以下のような事実を知ることができる［Cottee2015］。

欧州のムスリム人口は、二〇五〇年までに十五パーセントに達するが、これは全人口の二十五パーセントが無神論・不可知論者であることを織り込むなら、イスラムが宗教者の中では二十パーセントのシェアに達することを意味する。また、米国では、三十二パーセントが棄教し、十八パーセントは無宗教になっており、欧州ではさらに高い割合での棄教や無宗教化が進展している。

しかし、イスラムにおける棄教は、他宗教におけるそれに比べた場合、処刑や家族との関係の決定的な悪化（しばしば断絶）など、他の宗教におけるそれとは比較にならないほど大きな困難を伴うものである。この本の中では、三十五人の元ムスリム（ex-Muslim）に質的聴き取り調査を行っているが、そこから見えてくるのは、「イスラムの棄教」と「カルト宗教からの離脱」との相同性である。本書

	現在	ゼロ	中水準	高水準
イギリス	6.3	9.7	16.7	17.2
ドイツ	6.1	8.7	10.8	19.7
フランス	8.8	12.7	17.4	18.0
スウェーデン	8.1	11.1	20.6	30.6
デンマーク	5.4	7.6	11.9	16.0

図2

末尾では、棄教者コミュニティを支えた先の楽観的な展望が述べられた上で、棄教者たちを包摂によって「非市民的（uncivil）」ではない「市民的宗教（civil religion）」へと誘導してゆくことの重要性が説かれているのではあるが。

ピュー・リサーチ・センターの調査［Pew2017］によるなら、世界のムスリム人口は二十一世紀後半にはキリスト教人口を超え、現在の十八億人から三十億人へと実に七十パーセントの増加を果たすこととなる。その合計特殊出生率は、実に二・九である。同センターは、欧州各国におけるムスリム人口の今後の展望についても人口統計学的調査を行っており、二〇五〇年のイギリス・ドイツ・フランス・スウェーデン・デンマークの今後の国内人口におけるムスリムの人口割合を予測したものが以上の図表である（図2）。図中の「現在」は現時点での割合、「ゼロ」は移民流入を完全にストップした場合、「中水準」・「高水準」は移民の流入規模を示している。なお、参考までに地図の付された図表は、「高水準」の場合の欧州全土の二〇五〇年の状況を予測したものである（図3）。

このような人口シェアにおけるムスリムの増大を背景とした欧州各国での「不安」の醸成は、近年刊行された小説『服従（*Soumission*）』に、その極点を見出すことができる［Houellebecq2015］。拙著『ショッピングモールの法哲学』の中でも描き出した通り、郊外は日本を含む先進諸国の病理を鮮やかな形で露呈する場であるが、『服従』では、そのような郊外（Banlieue＝禁止された地域）に集住するイスラム系移民たちが近未来に同胞政党をつくり、最終的にはムスリムのフランス大統領を誕生させるに至る物語が描き出されている。読者は本書をシニカルな形でディストピアを描き出した文学的佳品としてだけでなく、第一級の政治フィクションとして堪能することができるだろう。フランスの歴史や政治にそれほど通じていなくとも、例えば谷川稔『十字架と三色旗』や樋口陽一『近代国民国家の憲法構造』などを読んだ上で本書にチャレンジしてみれば、ウエルベックの描き出すフィクションの世界が、活き活きとした立体性を持つことになるだろう。

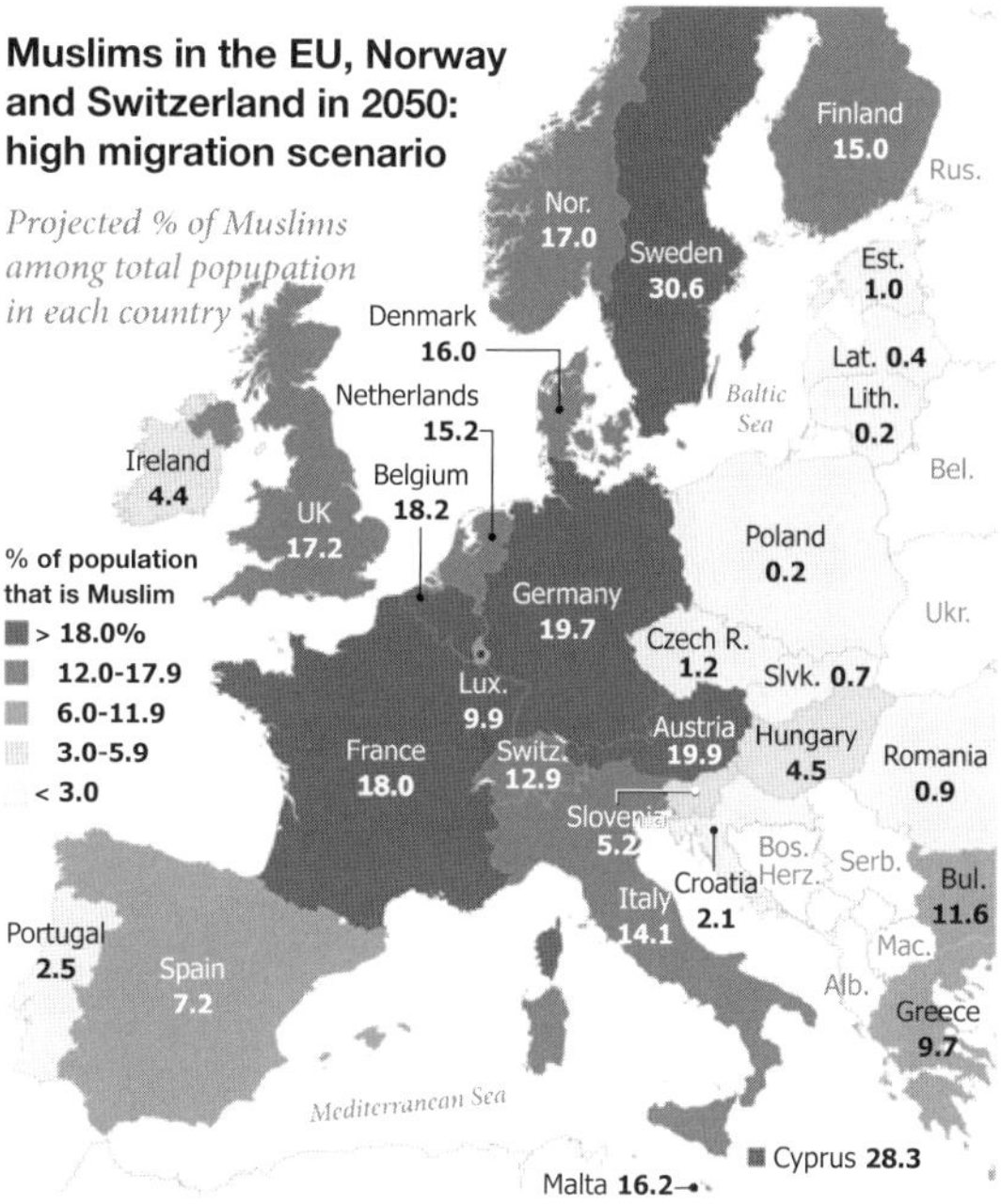

図３

本書は、当初構想されたタイトルが『回心／改宗（*Conversion*）』であったことからも明らかなように、カトリックの精神世界と深いつながりを持つ頽廃作家・ユイスマンスに仮託された形で「信仰／回心」を重要なモチーフとして内蔵している。

作中に登場するフランス初のムスリム大統領は、フランス国内においては冠絶したエリートであるポリテクニーク、ＥＮＡ（国立行政学院）の卒業生である。マイノリティとしての「特権的地位」をマキアベリスティックかつ老獪に行使しつつ頂点へと上り詰める実に興味深い人物だが、彼の「真の野望」である欧州大統領というビジョンは、目眩く世界的地平へと読者を誘う。

北アフリカ地域を併呑し地中海へと欧州の重心を南に移そうという、彼の「文明としての真のプロジェクト」はローマ帝国の復興に他ならず、ムスリムがアウグストゥスとして君臨する、この新世界秩序は、オスマン帝国がローマ帝国の真の承継者としての地位を完全に逐われるまでは、つい二十世紀の初頭まで、それほど奇異なことでもなかったのであるのだから。

この小説の内容は、単に文学者の脳髄から産み出されただけの荒唐無稽な物語などではなく、例えば昨今のトルコの状況とも禍々しい共鳴をしていることが認識されなければならない。

一九二四年に建国したトルコ共和国はムスリムが大多数を占める国家としては珍しく、長らく厳格な「政教分離」を貫いてきたが、近年、エルドゥアン大統領の下で急速なイスラム化（政教分離の溶解）を遂げている。エルドゥアンは、二〇一七年三月、欧州（特にドイツ）在住のトルコ人に向けて「三人ではなく、五人の子どもを作れ！　そうすれば、汝らがヨーロッパの未来になる！」と演説したが、これは『服従』で示されたビジョンそのものである。事実は小説より奇なりを地でゆく話ではないか。

以上のような形で描出される、欧州における移民／難民の文化の一つであるイスラムは、立憲主義／リベラリズムとの間に巨大な軋轢を生み出しているわけだが、先に「イスラム例外主義」において唱えられていた「リベラルな決定論」の否定は、立憲主義（リベラリズム）の生成経路についての議論を裏書きするものである。さらに突き詰めて言うなら、イスラムの内在的な論理に従うならば、「政教分離」どころか「世俗国家」さえも原理的には存立不能なわけで（カリフ制こそがあるべき姿なのだから［中田二〇一五］）、この問題系と先に述べた人口シェアに関する予測とを照らし合わせるなら、「自分の存命中に世界における世俗国家の存続可能性が問題になるなどという事態が到来するとは」というのが筆者の偽らざる感想でもある。

あるいは、ムハンマドが大天使ジブリールから「啓示」を受けたのが西暦六一〇年なのだから、宗教革命へと至った同じ啓典宗教たるキリスト教の歩みと比した場合のタイムラグから単純換算すると、二一二七年頃（一五一七＋六一〇）に立憲主義やリベラリズムへの経路を拓く「宗教革命」が到来するのかもしれないが、それは間違いなく私だけでなく、現在、この地球上に存在する者たちすべてが、この地上から消え去った後の話である。

なお、最後に余談ではあるが、二〇一八年五月四日にCNNが報じたところによるなら、スウェーデンの国民食であるミートボールが、実はトルコが発祥だったという真実がスウェーデン政府の公式 twitter アカウントで明かされ、人びとに衝撃を与えた。それはカール十二世が十八世紀初頭にトルコから持ち帰ったものだというのである。この発表に対しては、「私の人生すべてがうそだった」と落胆するスウェーデン国民の twitter での呟きなども見られた。その後のトルコ国営アナトリア通信の報道によるなら、カール十二世はコーヒー豆やロールキャベツもスウェーデンに持ち帰ったということである。

文献

芦部信喜・高橋和之（二〇一五）『憲法［第六版］』岩波書店

飯山陽（二〇一八）『イスラムの論理』新潮新書

池内恵（二〇一八）「米国オバマ政権末期におけるイスラーム認識の新潮流――「イスラム国」の衝撃を受けて」『政治思想研究（政治思想における「保守」の再検討）』第一八号

NHK－BS1（二〇一六）ドキュメンタリーWAVE「デンマーク　ミートボール論争」（二〇一六年四月二十九日放映）

阪口正二郎（二〇〇一）『立憲主義と民主主義』日本評論社

谷田稔（一九九九）『十字架と三色旗』山川出版社

谷口功一（二〇一五）「郊外の多文化主義」『アステイオン』八三号（本書第七章）

谷口功一（二〇一六）『ショッピングモールの法哲学』白水社

中田孝（二〇一五）『私はなぜイスラーム教徒になったのか』太田出版

長谷部恭男（二〇〇四）『憲法と平和を問い直す』ちくま新書

樋口陽一（一九九四）『近代国民国家の憲法構造』東京大学出版会

水島治郎（二〇一二）『反転する福祉国家』岩波書店

Brubaker, Rogers, 2017, The New Language of European Populism: Why "Civilization" Is Replacing the Nation, *Foreign Affairs*.
Cottee, Simon, 2015, *The Apostates: When Muslims Leave Islam*, Hurst.
Holmes, Stephen, 1993, *Passion and Constraint: On the Theory of liberal Democracy*, University of Chicago Press.
Houellebecq, Michel, 2015, *Soumission*, Flammarion（大塚桃訳『服従』河出書房新社）
Miller,David, 1995, *On Nationality*, Oxford, UP.（富沢克・長谷川一年・施光恒・竹島博之訳『ナショナリティについて』風行社）
Okin, Susan Moller, 1999, *Is Multiculturalism Bad for Women?*, Princeton UP.
Pew Research Center, 2017, Europe's Growing Muslim Population［Nov. 29, 2017］http://www.pewforum.org/2017/11/29/europes-growing-muslim-population/
Power, Carla, 2015, *If the Oceans Were Ink: An Unlikely Friendship and a Journey to the Heart of the Quran*, Holt Paperback.（秋山淑子訳『コーランには本当は何が書かれていたか?』文藝春秋）

註

（1）「経済財政運営と改革の基本方針二〇一八～少子高齢化の克服による持続的な成長経路の実現～」平成三十年六月十五日閣議決定。

（2）このような現象は枚挙に暇がないが最近の典型的なものとしては、例えば英国版『マリ・クレール』誌のライフスタイル担当編集者である著者が会社を辞めてデンマークで暮らした印象を綴った、ヘレン・ラッセル『幸せってなんだっけ?――世界一幸福な国での「ヒュッゲ」な一年』（CCCメディアハウス、二〇一七年）など。

（3）本章での「ミートボール戦争」の話は、基本的に稿末の文献中のＮＨＫＢＳの番組を視聴したメモによる。

（4）もう、一カ所だけ「立憲主義」の語が登場するのは「国家緊急権」のパートで、そこでは、緊急権（非常事態において国家の存立を維持するために、国家権力が立憲的な憲法秩序を一時停止して非常措置を取る権限）は、立憲主義を破壊する大きな危険を持っていると記されている。

補章　軽やかな「移動」と重厚すぎる「越境」、そして

以下は、柄谷利恵子著『移動と生存——国境を越える人々の政治学』（岩波書店、二〇一六年）、及び塩出浩之著『越境者の政治史——アジア太平洋における日本人の移民と植民』（名古屋大学出版会、二〇一五年）の書評論文である。

○　はじめに

本章で取り上げる、それぞれの著作に対する評者の端的な印象は表題の通りである。現在進行形の様々な事例を採り上げ、ユニークな理論的視座の下に《軽やか》な議論を国際政治／国際関係論の観点から展開する『移動と生存』と、ほとんど唖然とするほど圧倒的な史料的事実によって構築された歴史学の《重厚すぎる》成果である『越境者の政治史』という二冊について、以下、読み解いてゆくこととしたい。

一　重厚すぎる「越境」

まずは『越境者の政治史』について。様々な賞に輝いた本書の前評判は知っていたものの、実際に本書を繙き目次を見た際に思ったことを真っ正直に書いておくと「ウソだろ！？……これマジで全部ホントにやるの？？？」だった。実際に手に取った時の重量とその分厚さも相まって（本当に）目眩がしたのだった。著者は「あとがき」で本書の元になる博士論文の審査の際、「このようなプログラムの完遂にはほとんど一生以上の時間を必要とする」とコメントされたと記しているが、評者はこの下りを読んで心の底から深く頷くとともに、それを完遂した成果である本書をほとんど畏怖の念を持って改めて眺めた。

　本書は一貫した人口増によって彩られる日本の近代が、その人口圧によって七十五万人の海外移民を輩出し、帝国膨張の文脈で三百六十万人の植民地移住者を生み出したという歴史的事実を背景とする「移民史」と「植民地研究」を統合した巨大な業績である[1]。先述の「ほとんど一生以上の時間を必要とする」とされた研究プログラム上の考察対象は、北海道・王国期から米国による併合までのハワイ・南樺太・朝鮮・台湾・満州・米領ハワイ・南北アメリカ、そして敗戦に伴う引揚げ・戦後開拓・（特に沖縄からの）海外移住にまで及んでおり、評者は「圧倒的」以外に本書の対象範囲について付すべき形容詞を知らない。

　合わせて本書は、矢内原忠雄による植民地政策学や明治期の内地雑居論をめぐる議論を詳細に読み解き、それらを上述の極めて広範な対象への分析の視座に加えている。「国家」ではなく「越境する人びと」を「国籍や市民権の枠組みに完全には回収し得ない政治主体」として描き出し、むしろ「国家」をそうした人びとが自由や安全や幸福（利得）を求めて越境してゆく際のいわば「政治的機会構造」の束として捉え直して見せた点に本書の特徴を見出すことができるのではないだろうか。[2]

《重厚すぎる》の「すぎる」の部分について附言しておくと、本書は膨大な史料を駆使した歴史学の第一級の研究として様々な史料を切り出し配列するのだが、恐らく、その切り出し・配列の仕方にこそ最大の妙味を持つものであろうところ、歴史学の門外漢である評者においては、その妙味を判断する能力に欠けており、その点、本書は評すに過ぎたる対象なのである。

実際、上記のような判断能力を有さない評者においては、素人目にはひたすらモノマニアックなまでに詳細を究める事実が延々と地平線の彼方まで続くが如きを読み進めてゆくのは本当に大変な（しかし、圧倒的な認知的利得はある）作業だったが、これは一面において百科事典に血湧き肉躍る物語を求めるような態度で本書に臨んだ報いである。個別の登場人物に感情移入しようなどとせず、また、安易に大きな物語を求めたりもせず、むしろ『創世記』のように「日本列島を起点にあるいは経由点に様々な民族が移動してゆくなあ、ワハハ」という態で、あたかも《神》の如き視点から楽しむべき超ハードボイルド本が、本書なのである。[3]

以下では上述のように一面において、その巨大さの前に、ただ立ち尽くすことしかできないようにも見える本書を楽しむための手掛かりとなる、ある種の「文脈」を提供してくれるものとして、もう一冊の書評対象である『移動と生存』について触れてゆくこととしたい。

二　軽やかな「移動」

『移動と生存』は、著者である柄谷の長年の研究対象である英国を中心とした興味深い事例を採り上げながら、否応なく「移動性（mobility）」に晒されることとなる現在のわれわれのあり方について考察するものである。明確な理論的視座の下、軽やかな筆致で様々な問題意識を喚起する掛け値なく楽しい本である（実際、友人知人に強く勧め、既に三冊は販促した）。

ここで言う「移動性」とは、①実際の地理的移動を意味する「現実（actual）」のもの、②ラジオ、テレビ、書籍などからの情報入手による「想像上（imaginative）」のもの、③インターネットなどによって距離だけでなく時間をも飛び越える「仮想上（virtual）」のものの三つからなる。われわれは、これらの移動性を駆使し世界と対峙してゆくこととなるが、さらに、移動に際しての「実行能力」と「適応能力」によって、人びとは四つにカテゴライズされることとなる。

第一の類型は、移動性の《主人》である（実行能力＋、適応能力＋）。彼らは上記の三類型の「移動性」のすべてを十全に使いこなし、最も典型的には「ウォール・ストリートで働き、ナッソーで納税し、フィレンツェでヴァカンスを楽しみ、ドバイの親友と週末に競馬の賭をする」ような、国家に縛られない生活を選択し得ることになる。いわば「二一世紀の不在地主（absentee landlords）」である（第五章）。

第二の類型は、移動性の《従僕》である（実行能力＋、適応能力－）。最も典型的には第三章で扱われるケア労働に従事する（フィリピン人）女性移住者がこれにあたる。「非熟練・解雇可能などの社会的位置の低さ」ゆえに逆説的に《従僕》としての移動が可能になるのだが、反面、彼らは上述の《主人》＝保険・金融・不動産といったサービス業に従事する富裕層の生活を支える存在であり、そこには二極的階層構造が現出することとなる。しばしば、送出国（途上国）では政治的に抑圧状態に置かれていた彼らは、時として受入国においてケア労働者のネットワーク形成や自助団体の組織化を通じた社会的地位の上昇を達成する希望もある。

第三の類型は、移動性の《落伍者》である（実行能力－、適応能力－）。本書では、この範疇にあてはまる最も脆弱な事例として「国際養子縁組制度」を採り上げ、当事者が多くの場合、途上国出身の乳幼児であることを指摘する。「子どもを車と同じように商品として扱うことを私たちは許容できない」わけだが、その最大の受入国は米国である。仮に養子縁組が上手くいったとしても、彼らは《従僕》たる女性移住ケア労働者と同じく、移動先での社会的地位の向上が、その「移動の背景にある階層性の問い直し」につながらないという共通の問題を抱えているのである。

最後に第四の類型として、本書では上述三つのカテゴリーのようなキャッチーな名付けはされていない《定住者》とでも呼ぶべき人びとが存在する（実行能力－、適応能力＋）。国籍国外で居住・労働している人口は全世界で二億人いるものの、これは世界人口の三パーセントに過ぎず、圧倒的な多数は、このカテゴリーに分類されることとなる。社会文化的なつながりや生活情報の蓄積、知己とのネットワークなど「とどまることの利益（non-transferable location-specific advantage）」が、彼らにはある。また、現実の世界で移動せずとも、成員として国内にとどまりながら、想像上・仮想上の移動を実行することも可能だ。しかし、この「とどまることの利益」の前提となっていたシティズンシップが変容しているというのが柄谷の見立てなのである。

「とどまり続けることの利益」は、これまで自明視されてきた「シティズンシップ－定住－安全」という紐帯の綻びに直面している。例えば、第六章で検討されるポイント制の下では、階層性の存在が批判なく受容される結果、《従僕》と《定住者》との境界が溶解する。つまり、女性移住ケア労働者が従事する職なら、そこで雇用されるのが「成員（定住者）」であっても国内の人的階層の下位に配置され、過酷な労働条件が正当化されてしまうのである。これをもって柄谷は、われわれの生活におけるシティズンシップを保有する意味が小さくなっていること（希薄化）を指摘するのである。

三　「とどまる」こと

以上の二冊で検討対象とされているのは、移動し越境する人びとであり、「とどまり続ける者たち」ではないのだが、いずれを読んでも思ったのは、直示的な対象とはされていない国家や圧倒的な多数を占め続ける《定住者》についてこそ、両書は極めて有益な陰画を描き出しているのではないかということだった。

『越境者の政治史』においては、「属地主義」に基づき本土における政治的権利は外地出身者にも付与されたが、反面、外地在住の日本人にはそれが付与されないという事態も出来し、帝国の「属地主義的一貫性が、日本人という民族集団（属人）の所在地における政治的権利の非一貫性（不平等）を生みだす」[4]という形で、《定住者》の境界線が浮き彫りにされている。

『移動と生存』においては、自由気ままに移動し続ける《主人》たるグローバル・エリートとそれを支える《従僕》に構造的に挟撃された《定住者》のポートレイトが描き出されている。本書で描き出されるこのグローバル・エリート（煩瑣なので以下、グローバル人材を略しグロ人とする）の姿は、極めて興味深い。階層性の頂点にいる彼らは、あらゆるしがらみから逃走する特権を有している。しかし、既に述べた通り、彼らは《従僕》を搾取することで《定住者》に対し構造的圧迫を加え、また、受入国にとっては自らの技能を盾に定住を拒む厄介な存在でもあるのだ。

「移民国家であるアメリカでさえ、裕福なエリート家族は同じ土地に何代も住み続け、その存在の継続性が地域に安定性をもたらした」のだが、そのような属地的な貢献は、自らの能力は高等教育を通じて自力のみで獲得したと過信するグロ人たちの「美徳の序列」の中では低く位置づけられる。「成員」としてのシティズンシップ資格を「不在地主である自分が所有している名札」としかみていない彼らの道徳性は、奈辺にあるのだろうか。

世界は現在、未曾有の難民・移民問題に揺れており、欧州では過去の「越境」の帰結としての「移動」の奔流に喘いでおり、また、アメリカもそれ自体が建国の原初からして巨大な「越境」であった／あり続けることに起因する《従僕》の処遇をめぐり分裂状態にさえ陥っている。これらにおいて真に問題となっているのは、《定住者》の外枠を見定めること、つまりネイションの範囲の確定問題なのである。欧州においては、移住者の受け入れを成員に対する脅威とみなす「安全保障化（securitisation）」の議論が著しく台頭している（柄谷・終章）。また、昨今アメリカにおいて「忘れられた人びと（forgotten people)」から突きつけられたグロ人への反撥が、このような問題意識を最も先鋭的に表出しているのではないか。「忘れられた人びと」を哀切に描いた映画『ウィンターズ・ボーン[5]』のラストで、主人公の少女が、それでも、とどまることを選択したことに評者はやりきれない共感を抱いてしまうのである[4]。

わが国においても、この二冊で描かれた事柄は現在進行形で存在しており、『越境者の政治史』で描き出された日系南米移民（補論2）を歴史的淵源とする日系ブラジル人をはじめとする移動性の問題は既に厳然と存在しているのである。この点については、「内地雑居論争」を扱った第二章にも、その歴史的淵源をなす議論の題材を見出すこともできるだろう[6]。「もはやシティズンシップを通じた安全だけでは私たちの生存は保障されない」という柄谷の主張は、以上のような意味での圧倒的多数を占める《定住者》を直接的な対象とした考究によってこそ、論じられるべき問題でもある。現在、国民国家の再構築期に全面的に突入しつつあるこの世界において、われわれが直面しなければならないのは、『越境者の政治史』が描き出そうとした「ナショナリズム」であり、いかにそれに正対してゆくかが、われわれの課題ではないだろうか[7]。

註

（1）蘭信三「越境者からの照射する日本近代——この領域におけるひとつの到達点」『週刊読書人』第三一三三

（二〇一六年三月二十五日）号。

（2）本書通読中に同僚の河野有理教授（日本政治思想史）からいただいた助言を元にしている。

（3）前注と同様に河野教授の助言を元にしている。

（4）前掲注（1）を参照。

（5）Debra Granik 監督、原題 “Winter’s Bone”（二〇一〇年、アメリカ）アパラチア山麓に住むヒル・ビリーの悲惨な境遇を描いた映画。濃密な同族関係の中、覚醒剤の精製を稼業とする壮絶な環境に立ち向かう主人公は、劇中最大の問題を「解決」してもなお、あえてその場所にとどまる決意をする。

（6）この点については内地雑居論争を現代の文脈と結節した、小宮一夫「二つの世紀末における「開国」と「国づくり」」松田宏一郎・五百旗頭薫編『自由主義の政治家と政治思想』中央公論新社、二〇一四年を参照されたい。

（7）この点については、既に拙稿「郊外の多文化主義」『アステイオン』八三号、二〇一五年（本書第七章）で包括的に論じた。

Ⅳ　フィクションの臨界

昔、数え切れないほど受けさせられた現代国語の試験の中で、一度だけ漢字の読み取りで不正解になったことがあった。それは「点綴（てんてい）」という語の読み取り問題だった。私はそれを「てんてつ」と誤答したのだ。

その時の問題文は島尾敏雄の「島へ」という短編から採られたものだった。太平洋戦争末期、加計呂麻島に隠された特攻基地で、爆薬を満載した高速モーターボート・震洋の搭乗員だった島尾の異常な日常を描いた傑作『魚雷艇学生』の後日譚をなすこの短編では、戦後、ポンポン舟に乗って島を再訪する島尾じしんが、洋上から島に点綴する家々をみやって感慨に浸るのだった。

「点綴」を読めなかったのが、よほど悔しく記憶に残ったのか、私は東京に出て浪人していた時、ふと御茶ノ水の丸善で『魚雷艇学生』を手に取り、それ以来、数多くの戦争文学を読むようになった。

これまで読んだ日本語の戦争文学の中で、これこそ揺るぎなき金字塔と断言しうるのは、大西巨人の『神聖喜劇』を措いて他にないだろう。

すべての法学部出身者は、すべからく『神聖喜劇』を読むべきである。そこでは戦中日本陸軍の内務班という「法の番外地」において、超人的な記憶力だけを助けに徹底的な合法的闘争を挑む主人公が圧巻の筆致で描かれ、それに対する理不尽不条理な鬼軍曹もまた、法外なもの（extra-legal）の典型としてまこと細やかな情感をもって描き出されている。

『神聖喜劇』は、一面において超＝法実証主義的物語なのであるが、上述の不条理軍曹が体現するように文学＝物語世界は、整然と条理を尽くした論理世界とは相容れない、語り／騙り（narrative）によってこそ成り立っている。

ハンナ・アレントは『人間の条件』の中で次のような印象的な言葉を掲げている。すなわち「どんな悲しみでも、それを物語に変えるか、それについて物語れば、堪えられる（All sorrows can be borne, if you put them into a story or tell a story about them.）」と。確かに、この言葉は美しいものではあるが、しかし、イサク・ディーネセンからという、アレントによる出典の提示じたいが実のところ虚構の物語なのである。

法は、曖昧で煩雑ゆえに豊饒な物語を《切断》するところにおいてこそ、その命脈を保つものであるが、以下ではしばしば「法外」な領域へと歩み出てみることにしよう。

第十章　立ち尽くすノモス――夢と《現実》のあわいに

正直に話そう。――米軍のＢ－２戦略爆撃機がゴジラの背中から放たれた熱線によって撃墜された時、筆者は心の底からスカっとした。祖国を危機に陥れているとはいえ「やはり我らが民族の怪獣よ」という感慨に浸ったのだった。

一九五四年に公開された元祖『ゴジラ』の足跡が、そのわずか十年ほど前の東京大空襲におけるＢ－29の侵入経路（一九四五年）をなぞっていたのを想起しつつ、このＢ－２爆撃機の所属する第五〇九爆撃航空団が広島・長崎に原爆を投下した部隊の末裔であることに思いを致すなら、この感慨はひとしお深く、強いものになる。

自衛隊が慎重に手続きと段階を踏んでゴジラを攻撃するも撃退に至らなかったところ、やおらグアムから飛来し、わが物顔で地中貫通型爆弾（ＭＯＰⅡ）による東京空襲を開始するＢ－２爆撃機に憤りを感じない日本人など、いるはずがないだろう。

空の帝国・アメリカの一機二千億円になんなんとする技術的結晶物がゴジラの熱線で叩き落とされることによって下る溜飲は、まっこと「まごころ」のなせるわざなのである。

このような一見、埒もなく見えるだろう、あからさまな民族的愛国心の流露は、容易に押しとどめ得るものではなく、むしろ、現今の世界的な規模でのナショナリズム勃興という《現実》に臨んで、真摯な考察の対象とされるべきものである。

＊＊＊

『シン・ゴジラ』という映画が表象するのは、二〇一一年三月十一日以降のあらゆる事柄であるのみならず、『ゴジラ』とも反響し合う形で立ち現れてくる戦中戦後のわが国の歩みのすべてであり、それ自体が一つの巨大な記憶の喚起装置となっているといっても過言ではないだろう。片山杜秀が言うように、この「記憶やイメージを喚起する膨大な要素のコラージュ」は、映画の中だけで完結せずに「観客の脳内で記憶の暴走」を引き起こす。

本章では、このような止めどない記憶の喚起と想念の増幅に身をまかせ、筆者自身の狭義の専門である法哲学からは溢れ出づる取り留めのない随想を以下、断章形式で書きとどめておくことにしたい。

＊＊＊

ＷＳＪ紙は「「シン・ゴジラ」が描く日本のナショナリズム」という記事で、この映画を評しているが、タイトルがストレートに示すように、そこでは今日の日本における「ナショナリズム」の勃興が示唆されている。

記事の末尾で、この映画を観た二十二歳の女性とその母親の感想が対比されているのが面白い。娘の方が「国家権力が無能に描かれているエンターテインメント」を好まず「頭のいい人たちがやるべきことを一生懸命やっているのを見るのが好き」なので、映画を観て「日本という国を支持する気持ち」が高まったのに対し、母親は「自衛隊の宣伝のような映画」という感想を持ったそうだ（憲法改正の是非や自民党支持に関する、各種統計調査上の世代間の好対照が想起されるところである）。

記事では自衛隊が本格的にゴジラ駆除へ投入されること（内閣総理大臣による武器の無制限使用の決断）をもって、「国民の意識に変化があったことを如実に示している」とし、併せて「安倍晋三首相の下で生まれた新たなナショナリズム」が想起される旨、記し述べているが、このようなナショナリズムへの変調が、別段わが国のみにおいて特殊な事象ではないことを、もはや自明の《現実》として理解する必要がある。

＊＊＊

本章冒頭でゴジラによるB－2撃墜への止みがたい喝采（acclamatio）の感情について記したが、ナショナリズムや祖国への愛（patriotism）は、つい先日もヨーロッパの島国で、ごくあからさまな形で提示されている。

二〇一六年十月五日、Brexit後の首班を継いだ英国のテレサ・メイ首相は、保守党大会において大ブリテンのナショナリズム／愛国主義への回帰を高らかに宣言した。メイは、「普通の労働者階級の人びと（ordinary working-class people）」を名宛人として、次のように演説したのだった。

政治家やコメンテーターが何て言っているか、よく聴いてみたらいい。彼らは、あなたたちの愛国心は趣味が悪い、あなたたちの移民に関する心配は偏狭だ、あなたたちの犯罪についての考えはリベラルじゃない、あなたたちが雇用を守って欲しいというのは不都合だと言っている。

彼女は、この数十年ブリテンをイデオロギー的に支配してきたリベラルな多様性を説く文化左派と自由市場を信奉するリバタリアン右派のいずれをも退け、この言葉の名宛人たちの間での公平で平等（fair and equal）な連帯を説いたのだが、これは「リベラル・ナショナリズム」を提唱する政治哲学者、デイヴィッド・ミラーが言う通り、「福祉国家はナショナルな連帯によってしか賄われ得ない」という端的な事実を提示しているに過ぎないのである。

英国だけでなく、ハンガリー・ギリシャ・オーストリア・フランス・ドイツ……と、昨今このような事例は枚挙にいとまがなく、まさにヨーロッパ全域がＥＵによる統合の夢から醒め、国家主権＝国民国家（nation-state）＝ナショナリズムへと回帰しつつあるのが《現実》なのである。

＊＊＊

『シン・ゴジラ』の中で日本政府とその官僚機構は、ゴジラの襲来によく耐えつつも、この映画の最大のモチーフでもある「会議」を延々と繰り返すことになるが、結局のところ日本国を主体とするタバ作戦の失敗により、日米安全保障条約がフルスペックで発動することになるも、冒頭の撃墜劇が出来し、国連の名の下に米国がゴジラの処理を管轄した上で、多国籍軍による核攻撃が東京に加えられる直前まで事態は推移する。この際、「たとえ、これがニューヨークだったとしても同じ決断をする」という意志が日本に伝えられ、人びとは悲憤慷慨するが、これは統治功利主義（government utilitarianism）的には「正しい」判断である。無性生殖による個体の増殖と群体化、そして進化による有翼化で世界への飛翔……という切迫した事態下において、これ以外の選択肢は、ない。

＊＊＊

本章執筆に際していくつかの『シン・ゴジラ』評を読んでみたが、やはり前出の片山杜秀の右に出るものはなく、政府機能が立川広域防災基地に移転して以降、後半の夢のような展開（日本全体の一致団結、米国の寛容な姿勢、ゴジラ凍結成功、予想外に短い放射性元素の半減期、日米関係の蜜月の予感……）が、実は「日本がいちばんうまくいった夢」を描いたものに過ぎず「立川から先は夢」なのだという解釈には、心を打つものがあった。――なお、旧軍都・多摩において、かつて砂川闘争が行われた立川の北西の「先」にあるのは、現在でも在日米軍司令部／横田飛行場を擁する福生であり、南西の「先」にあるのは、高尾山麓の昭和天皇武蔵野陵である。

＊＊＊

鑑賞後、この映画に対して、「緊急時には政府に特別な権限を与えるべきだ、民主的手続きに則っていたら間に合わない」といった類のメッセージを伝えかねないという懸念をいくつか目にしたが、仮にそのようなメッセージを含んでいたとしても、肝要なのは「危機的な時」にそのような事態に陥らないためにも「平時」から「危機」について、手続きに則った議論を行っておくべきという、鼻白むほどに当然の真実である。

さらに鼻白むことではあるのだが、行政学者・森田朗が『会議の政治学』（信山社、二〇〇六年刊）で、その一端を綿々と描き出しているように、実際の会議は、エヴァンゲリオンの音楽が背後で鳴り響くような劇的なものではあり得ない。会議は進む、されど踊らず（Le congrès marche beaucoup, mais il ne danse pas.）。

凡庸な手続き的正義の履行に伴う「正義の遅延は、その否定（Justice delayed is justice denied.）」へと至りうるものでもある。しかし、凡庸な道のりにしか《現実》はない。往々にして《現実》とは、そのようなものなのであり、そして人生は続く。

＊＊＊

映画を見終わった筆者は何の脈絡もなければ埒もない夢想に耽った――「ゴジラはノモスである」と。

ゴジラは物理的に東京の街を破壊し尽くそうとするが、同時にそこで崩壊の瀬戸際に達せんとするも、ギリギリのところで踏みとどまる法秩序の姿は、一九四五年八月十四日を一つの境とした秩序変動（崩壊）を脳内において再生する。暴れ狂うゴジラは、ヌキ身で立ち現れる憲法制定権力（pouvoir constituant）である。固めるテンプルされたゴジラは pouvoir constitué である。八月革命説は東京への核攻撃である。――そして、最後に立ち尽くすゴジラは、天壌無窮のノモスなのである。

＊＊＊

本章中での映画内での「事実」に関しては、基本的に公式パンフレット『シン・ゴジラ』に依拠した。また、本文中で何度か登場する片山杜秀によるゴジラ評は、深いゴジラ愛に支えられた息の長いものであり、この際、同氏による『国の死に方』（新潮新書、二〇一二年刊）――特にその第十三章「死に体政治に未曾有の国難が迫る――ゴジラが象徴した災厄」、そしてゴジラ以外に関する膨大な論考も含んだ浩瀚な『日の丸とゴジラ』（文藝春秋、二〇一〇年刊）なども、この際、広く読まれることを願いたい。

＊＊＊

なお、旧軍の造兵廠火工廠板橋製造所多摩分工場（多摩火薬製造所）の跡地にできた在日米軍の多摩サービス補助施設（Tama Hills Recreation Center）を擁する多摩市のイオンシネマで『シン・ゴジラ』を観終わった筆者は、いまだ夢心地の中でスマホの電源を入れ、ある大規模な研究補助金にまつわる悪魔のように煩雑な申請「手続き」事務に関して恐るべき知らせのメールが入っていることを知って、駅頭の人混みの中で思わず歎声を発し、しかる後に頭を抱え込んだが、これもまた一つの《現実》である。

第十一章　フィロソフィア・アポカリプシス――ゾンビ襲来の法哲学

法哲学の一つの特徴として、世界の秩序が何らかの形で《危機》に晒された際に活性化するという側面がある。例えば、ナチス崩壊後に登場した「再生自然法論」や、大日本帝国憲法から現行憲法への移行期に主張された「ノモス主権論」などを想起すればよい。

前者においては、ナチス統治下、非人道的な行為（密告）をも合法的なものとして奨励した実定法――現にある法の体系が、真に「法」の名に値するものであったのか否かが自然法――あるべき法に照らし問い糾された。また、後者においては、根本規範たる憲法の核心変更（天皇主権から国民主権へ）が、〝法の窮極に在るもの〟の断絶を伴うものなのか否かが争われた。いずれのケースにおいても「法とは何か」という問題（＝法概念論）が根本的なレベルにおいて、現実の《危機》と結節される形で論じられたのであった。

本章では、以上のような点で「危機の学問」たるべき法哲学が「ゾンビ襲来」という究極のストレス・テストに対し、どのように応答することとなるのかを考えてみよう。ただし、今回は紙幅の関係上、右に記したような「法概念論」にまつわる議論は脇に置かざるを得ず、以下では、ここ数年、マイケル・サンデル教授でもお馴染みとなった「正義論」の観点から出発する形で、いささか取り留めもない随想を書き記すこととしたい。

ゾンビ・アポカリプス（ゾンビによる世界の終末）到来時、しばしば、政府は極めて無能であるか全く存在しないが、これは長年リバタリアン（Libertarian）が夢想してきた事態だろう。ゾンビと闘うためには膨大な銃火器が必要だが、これは「人民の武装権」を保障した合衆国憲法修正第二条項の擁護派を喜ばせ、この点、ゾンビはリバタリアンの欲望が投影された存在と言えるかもしれない。基本的に彼らの多くは全米ライフル協会（ＮＲＡ）を支持し、時として重武装さえしているので、ゾンビ襲来時には、状況に対して高い適応性を示すようにも思われる［Kuntz］。

しかし、個々のセキュリティの確保にとどまらない、ゾンビ疫の根本的駆逐という公共的観点からするなら、リバタリアンが忌み嫌う政府／官僚機構は、実のところ欠かすべからざる存在なのである。ダニエル・ドレズナーも指摘するように、官僚機構はゾンビ対応の初期段階には機能不全に陥るものの、時間をかけて徐々に状況への適応を始める。リバタリアンは基本的に、公的セクターを縮減し、その機能や権限を民間に委譲することを要求するが、『バイオハザードシリーズ』でお馴染みのアンブレラ社がどのような醜態を晒し続けているのか、よくよく思い出してみる必要があるだろう［Drezner：訳一二五］。

ゾンビ禍の下でのセキュリティの確保を「治安・防衛」の延長と考えるなら、リバタリアンの中でも「最小国家（minimal state）」論までは理論的な生存を猶予されるようにも思われるが、ゾンビ疫を根本的に駆逐した上での秩序回復を目指すのならば、疾病管理センター（ＣＤＣ）のような官僚機構が必要となる。また、ゾンビ疫そのものが本来的にグローバルな対応を要請するものであることから、各国のCDC類似組織間のトランスガバメンタルな連携が必要とされることとなるだろう。そこでは「治安・防衛」の内容に広義の公衆衛生行政も組み込まれてくるので、国家機能に関する〝最小限〟の範囲が拡大され過ぎることとなり、あえて「最小国家」と名乗ることの意味自体が雲散霧消してしまうかもしれない。

代表的リバタリアンの一人であるロバート・ノージックは、自然状態から最小国家の成立に至るまでのプロセスを思考実験上の仮想史として描き出すが、すべてのゾンビ映画は、ノージックよろしく、それぞれに独自の自然状態を設定した上で、様々な仮想史を描き出しているとも言える。ゾンビ襲来に対し、私じしんも含め、人びとは様々な非常事態対応プラン（zombie contingency plan）を持っているが、それは自然状態の到来を想定した上での各自の備えに他ならないのである。

ゾンビ映画の中では、切迫した生命の危機が去り、ある程度の安全が確保されるや否や、生き残った人間同士の争いが問題となり始める。あらゆる作品の中に通底する執拗低音は、そこでの自然状態を「孤独で貧しく、汚らしく、残忍で、そして短い（solitary, poor, nasty, brutish, and short）」と記したトマス・ホッブズのペシミズムである。ホッブズの自然状態論とその帰結を「墓場の平和」と否定的に捉える向きもあるが、ゾンビが跋扈する状況において、この批判はホッブズの正しさを裏打ちするだけでしかないだろう。

「自然状態」を理論装置とする社会契約説を考える上で、現在、第三シーズンが放映中のドラマ

『ウォーキング・デッド』は、正議論、もしくは政治思想史にまつわる興味深い事例を提供してくれている。マイク・バーセルによるなら、このドラマは次のような含意を持つものとして読み解くことができる［Barthel］。

すなわち、主人公のリックは、第一から第二シーズンの途中までは、すぐれてアメリカ的なリベラル・デモクラティック・アプローチを採ろうとしており、そこでは、ジョン・ロック流に解釈された自然状態が想定されている。しかし、第二シーズンの途中、ありのままの自然との共生（ゾンビ存在とも共生）を目指す農場――つまり、ルソー流の自然状態モデルが登場することによって事態は一変する。破壊せず納屋に閉じ込めておいたゾンビたちがもたらす災禍により、ルソー・モデルは、現実を支配する過酷な状況への脆弱性と不適合性を露わにするのだ。

そのような中、（いま一人の重要な登場人物、シェーンの死によって）リックはリーダーシップのあり方を激変させ、ホッブズ的／マキアヴェッリ的なリーダーへと変容してゆくのだった。リックは次のように言い放つ――「もう民主主義とか言ってる場合じゃないんだ（This isn't a democracy anymore.）」と。

ハンナ・アレントの「悪の凡庸さ（banality of the evil）」というフレーズには、ゾンビのことも含意されていたのではないかとバーセルは指摘する。すなわち、アレントによるなら「組織化されたデモクラシーは人びとの食糧や安全への物質的なニーズが満たされない時には不可能となる」のだが、今夜どこで寝れば安全なのかとか、ゾンビに内臓を引きずり出されるんじゃないかなどといった心配をしなければならないところでは、そもそも「熟議（deliberation）」など成立しないのである。ゾンビは、このような「民主主義の不可能条件」に関わる問いを提起するからこそ、われわれの関心を惹きつけるのかもしれない。

では、ゾンビ襲来時、リベラリズムはいかほどの役に立つのだろうか。映画の中では、生き残るためには「良識と協力」という「進歩的（progressive）」な理念が必要であることが描き出されており、しばしば、それは文化的な多様性を持ったグループによって達成される。ジェンダーやエスニシティなどの観点から反動的な振る舞いをする登場人物には、だいたいにおいて、早期に〝死亡フラグ〟が立つこととなる［Kuntz］。

このような傾向は、ゾンビの側にも投影されており、スコット・G・ブラウンの小説の中では、ACLU（アメリカ自由人権協会）がゾンビを代表して集団訴訟を提起する「アンデッドの公民権運動」が描き出されている。そこでは、アフリカ系アメリカ人、女性、日系アメリカ人、ゲイ・レズビアン、九・一一後のイスラム教徒など、支配層エリートによって虐げられてきた人びとの長い隊列に連なる最後の存在としてゾンビが描き出されている［Browne：訳二〇〇四］。

エドガー・ライト監督『ショーン・オブ・ザ・デッド』（二〇〇四）の中では、主人公が適度なブリティッシュ・リベラリズムを堅持し、弱者も見棄てることなく、愛するものたちをパブという公共空間へと集めるのだが、これはジョン・ロールズの「原初状態（original position）」モデルを描き出したものだと言うこともできるかもしれない［Barthel］。——ただ、実際のゾンビ襲来に際し、個人道徳・行動規範としてのリベラリズムは、即死を招くのではないかと疑われるのではあるが……。

それはさておき、公共的観点からするなら、リバタリアンのように市場（アンブレラ社）

に丸投げをしたりはせず、国家が積極的な介入を行う点で、なかなかに悪くないパフォーマンスを見せるようである。例えば、マックス・ブルックスの小説『ワールド・ウォー・ゼット（WWZ）』の中では、人類反攻の拠点として「資源戦略局（Department of Strategic Resources）」が設立される。これはリバタリアンのアイコン的小説家であるアイン・ランドが「憤激のあまり墓から甦り、リビング・デッドの戦列に身を投じるんじゃないかと思えるほど」の強権的な分配的正義を行使する官僚機構である。作中、それは往時のニューディール政策と類比的に描き出されてもいるが、最終的には、ゾンビ疫の駆逐に大いに貢献することとなる［Brooks：訳二一七―二一八］。

『ＷＷＺ』の中でゾンビ疫を駆逐するに至った最大の戦略的指針は、「レデカー・プラン」と呼ばれるもので、それは国内のいくつかの人口密集地域を意図的に犠牲にする（押し寄せるゾンビの餌に使う）ものだったが、これは功利主義に投影される邪悪な印象を素朴かつ単純に拡大したものと見ることもできる［Brooks：訳一七四］。実際問題として、既に述べたように、ゾンビ疫はすぐれて公衆衛生行政の全般に関わる問題であり、そのようなものを正当化できる政治思想としては、功利主義以外、考えつかないというのが正直なところでもある。

二〇一二年、大統領選の最中、『アベンジャーズ』の監督ジョス・ウィードンは、共和党候補であるロムニーをゾンビ・アポカリプスの確実な到来を保証する候補として褒め殺すパロディ選挙ＣＭを製作・アップロードし、人びとの話題をさらった。このようにアメリカでは、しばしば、ゾンビはすぐれて政治的なアイコンとしても用いられるのだが、以下では、これまで触れてきた正議論の諸思潮を現代アメリカの具体的な政治状況と重ね合わせ、現実政治とゾンビとの関係について考えてみることにしたい。

民主党と共和党それぞれの政権期におけるゾンビ映画の封切り数の相関（correlation）について統計的な検証を行ったマーク・ウェストは「映画は特定の時代の人びとの恐怖の対象を描き出している」という仮説の下、共和党政権とゾンビ映画の間には統計的に有意な相関が存在することを実証している［West］。

ウェストは、映画データベース検索から得られた一九五三年以降の全封切り映画からの抽出を行った結果、一九八〇年代レーガン政権（共和党）期がゾンビ映画の最隆盛期であり、また、共和党政権期全体のゾンビ映画の年平均数を割り出すなら、共和党とゾンビ映画の発生との間には強い相関が存在していることを明らかにしている。統計分析の結果、ゾンビのt統計量はマイナス一・六九で、p値（有意確率）は五・七パーセントであることが判明したが、これは、政権党が共和党か民主党かでゾンビ映画の数に増減があるか否かに関し、何らの有意な差異も存在しない確率が五・七パーセントしかないということを意味している。その上でウェストは、共和党政権下でゾンビ映画が増えるのは、彼らが貧困層や市民権のない外国人たちをゾンビという文化的表象に仮託し、そのようなゾンビたちの叛逆を怖れるからだという説明を付している。

ゾンビと政党との関係については、これとは異なった形での説明も可能であり、ピーター・ディヴィスは次のように述べている［Davis］。すなわち、ゾンビとは〝民主党〟が怖れるべきものなのだ、と。なぜなら、ゾンビはひたすら消費のみを行う存在であり（Braaains!）、その究極の目的は全人類を彼らと同じ存在へと「同化（assimilation）」させることだからである。だからこそゾンビは共食いせず、生き残った人間だけを襲うのだ！　リベラルな民主党支持者にとって、ゾンビは因習的な宗教性を表象するものでもある（キリストは死から甦った上で、人びとを改宗（＝同化）させた！？）。一般的に保守派は「安定と伝統」を重視するが、ゾンビ社会は究極の形で、それを実現しようとするものなのである。なぜなら、ゾンビは社会の変革を目指したりせず、リベラルの目から見れば、順応主義（conformist）的で、自分のアタマで考えようとしない存在だからだ。したがって、リベラルにとってのゾンビとは、郊外的（suburban）であり、保守的であり、そして人種差別（racist）的なものの表象なのである［Rabare］。

　冒頭でも予告した通り、いささか取り留めもない話を書き記してきたが、それにしてもわれわれは、何故これほどまでにゾンビのことが気になるのだろうか。ゾンビが「終末論」にまつわるナラティブの最新のバリエーションであることに疑いはないが、世界の終わった〝その後〟がディテールにわたって描き出されているからこそ、彼らは人びとの想像力を刺激するのかもしれない。「終わらない日常」ならぬ「終わらない終末」とでも言うべきか。ダンテの『神曲（*Divina Commedia*）』でもそうであるように、天国の描写よりも地獄のそれに、人は惹かれる。われわれの中には、そのような意味での惨たらしい終末への渇望が存在しているのかもしれず、ゾンビは、その点、渇望の対象としての終末を持続させてくれる存在なのかもしれない。

文献

Barthel, Mike, We, The People, Against The Zombies, in The Awl.com, (October ,15th ,2012) : http://www.theawl.com

Brooks, Max, 2006, *World War Z*, Three Rivers Press（浜野アキオ訳『WORLD WAR Z』文藝春秋、二〇一〇年）

Brownem, Scott. G., 2009, *Breathers*, Three Rivers Press（小林真理訳『ぼくのゾンビ・ライフ』太田出版、二〇一一年）

Davis, S. Peter, 6 Mind-Blowing Ways Zombies and Vampires Explain America, in Cracked.com (September 6, 2011)：http://www.cracked.com/

Drezner, Daniel, 2010, *Theories of International Politics and Zombies*, Princeton UP（谷口功一・山田高敬訳『ゾンビ襲来』白水社、二〇一二年）

Kuntz, Tom, Zombie Films as Liberal Parables, The New York Times (June 19, 2009)

Rabare, Matte, On Zombies and Vampires, in Discourses on Liberty (June 13、2012)：http://discoursesonliberty.blogspot.jp/

West, Marc, Correlation of the Week: Zombies, Vampires, Democrats and Republicans, in Where Science meets Pop Culture (May 23, 2009) : http://www.mrscienceshow.com/

第十二章　疫禍と字典

疫禍の下で暮らすようになってから外出にもかなりの制限がかかり、もっぱら自宅近くの武蔵野の自然の中を人がいないところを見計らって散策している。人と会う機会も激減どころか消滅し、目にするのは自然の景色ばかりということもあって、久しぶりに書棚から草木花譜のたぐいを取り出し眺める日々である。

行動制限が問題になり始めた時期と桜の開花が重なり、花見の自粛なども強く言われるようになっていたところ、我不関焉と桜が満開に咲き誇っているのを看ていると、ゆくりなくも二〇一一年の春に、やはり咲き乱れていた桜を思い出すのだった。

草木は人の営みと関係なく、いつもと同じように芽吹き咲く中、唐突に日常が打ち破られ慌てふためく人間の側との対比が鮮烈であり酷薄でさえあり、そんな中、観る人とてなく咲き誇る桜花の姿はいっそ凄惨でさえある。「年年歳歳花相似たり、歳歳年年人同じからず」という言葉が異様な迫力をもって迫りくる。

連日、生々しい数字や統計が「戦争」の比喩をもって喧伝されるのに、ある時から倦み果てて、意識的に目にしないこととした。藤原定家は『明月記』の中で「紅旗征戎非吾事（朝廷の旗を押し立てて外敵を征伐するのは私には関係ない）」と記したが、まさにその心持ちである。

定家卿は外界の事象を「非吾事」と突き放して新古今の狂言綺語の世界に耽溺沈潜したわけだが、私もまたそのひそみに倣い、長年の懸案だった『世説新語』一一二〇条（井波律子訳、東洋文庫・全五巻）を毎日すこしずつ読み始めた。今を遡ること千五百年以上前、所謂「三国時代」の前後に生きた人びとの営みを描いた説話群を世情とは一切かかわりなく、ただ毎日、淡々と読み進めることを己に課し、そのような時間を構造化するのはある種の《思考の安全地帯》の構築であり、この間、拳々服膺した「いかにして情報を受け取らないか」という試みの一つでもあったわけだが（五月十三日、訳者の井波氏の訃報に接した）。

人との交わりを絶たれ続ける中、ある日、斯波六郎『中国文学における孤独感』（岩波文庫、一九九〇年）を久しぶりに手に取った。もう三十年近く前に買った本だが、折にふれて手に取る本である。冒頭、「孤独鰥寡」という言葉が出てくるが、「老いて子なきを《独》、幼にして父なきを《孤》、老いて妻なきものを《鰥》、老いて夫なきものを《寡》」という下りがある。それぞれが「独身、孤児、男やもめ＝やもお＝鰥夫、寡婦（やもめ）」に対応しているわけで、われわれが「孤独」として観念する事柄についての漢字表現の豊かさには驚かされるばかりである。

他にも「多勢の中にいながら、どうしても、周囲の人びとと打ち解けて融合することを好まぬ」ような人を《陸沈》と呼ぶという話も出てくるが（荘子・則陽篇）、水に沈むのは当然であるところ陸でも沈んでしまうというのは、「人びとの中にいながら、それらと融合できないこと」の喩えとなっているわけである。

西洋にも似たような話はあり、政治哲学者のハンナ・アレントはlonelinessとsolitudeを区別し、前者を打ち棄てられたようなネガティブな孤独、後者を自ら内部において充足するようなポジティブな孤独として提示している（『全体主義の起源』）。

先述の『中国文学における～』の中で、このsolitudeにあたるようなものは恐らく《慎独》という言葉になるのだろう。斯波によるなら《慎独》とは、理知による自己凝視をその旨とするものとのことである。

この本にしても、アレントにしても、究極的には、多くの人びとのただ中にいるにもかかわらず生まれ出づる孤独のありように、道徳や政治の観点から関心を抱いているわけだが、われわれが直面した、完全に物理的な接触を断たれた厳密な意味での隔離（isolation）の下に置かれながら、他方ではネットを通じて一挙に世界ともつながってしまっているような孤独は、四書五経に通じた士人に問うなら、いったい何という漢字で表されるのだろうか。恐らく『康熙字典』にも、その字は存在しないだろうと思われ、われわれ人類は全く新しい形の孤独に向き合っているのかもしれない。

以上は四月二十九日～五月七日の間に断続的に書き付けておいたものを整理し直して五月二十八日に脱稿したものである。事態はめまぐるしく変わり、先行きも不透明なままの中ではあるが、何年かして「あの時はこういう心持ちだったのか」と思い出すよすがに、以上よしなしごと。

第十三章　「思考の距離戦略」としてのゾンビ

パソコンのモニターには人っこひとりいない首都の中心部が映し出され、普段の人混みが嘘のように静まりかえった街は不気味としか言いようがない。背後のテレビに目を向けると、興奮し取り乱した様子の専門家がウイルス感染の拡散状況について支離滅裂な話をしている。うんざりしてすべての映像の電源を落とし、机上の文章を読み始めると、そこには中国の長江中流域（武漢と重慶のあいだ）で最初の兆候が出現した際の詳細が記されている……。

……私がみているのは、この間の銀座・和光本店前を二十四時間ライブ配信しているYouTubeのストリーミング映像でもなければ、民放の下卑たワイドショーでもなく、はたまた新聞や雑誌の記事でもない。すべてゾンビの話なのだ。——ゾンビ映画『二八日後』の冒頭場面、ジョージ・ロメロ監督の『ゾンビ（Dawn of the Dead）』のひとコマ、そしてマックス・ブルックスの小説『ワールド・ウォー・ゼット（*WWZ*）』の冒頭エピソードなのである。

筆者は二〇一二年にダニエル・ドレズナー著『ゾンビ襲来——国際政治理論で、その日に備える』（白水社）の翻訳を上梓した。発売当初に一部で話題にはなったが、二〇二〇年二月以降に突然、書店で再び多くの読者の手に取られはじめて重版し、驚いたのだった。読者は明らかに今般のコロナ疫のパンデミック状況と映画や小説の中で描き出されている想像上のゾンビ禍とを重ね合わせているのである。

本章は緊急事態宣言が一旦解除された二〇二〇年六月第二週に書かれているものであり、この間張り詰めていた世間の空気もいくぶん和らいできた中ではあるが、いわゆる「第二波」の到来如何も含め依然として先行きは不透明な中で書かれている。以下では、これまで洪水のように押し寄せてきていたコロナ関係の情報や議論からは一歩離れ、一拍テンポを置き、あえて「ゾンビ」という視角からあれこれ考え、そこから学ぶべきことはないかを考えるものである。昨今の人口に膾炙した言葉をもじるなら「思考の距離戦略（mental distancing）」としてのゾンビ考とでもいったところか。

実際、日々「戦争」の比喩の下に語られる生々しい数字やグラフ、統計や疫学などについての情報の氾濫に私じしんも疲れてしまったというのが正直なところである。それほどまでに戦争だと言うのならば、中国の兵法書『三十六計』に出てくる「指桑罵槐（しそうばかい）」戦術[1]にならい、現実の疫禍に直接触れるのではなく、敢えてゾンビという迂回路を通じ、対象からは距離を取った「思考の安全圏」を確保した上で思索をめぐらすのも悪くはないように思われるのである。

まずは、今年度の私のゼミ（もちろんZoomでのオンライン）でもテキストにしている先述の『ゾンビ襲来』の内容を最初に簡単に紹介しておこう。著者のドレズナー教授は米国のタフツ大学で教鞭を執る第一線級の国際政治学者であるとともに、筋金入りのゾンビ・マニアでもある。

伝統的に国際関係論は国民国家間の相互作用に主要な関心を置いてきたが、現代における安全保障問題の少なからぬ部分は「非伝統的」な脅威に焦点を当てている。ゾンビはこの「非伝統的」な脅威の最たるものであるとともに、国際関係論の様々な理論の「ストレス・テスト」たり得るというのが本書の前提である。

その中で取り上げられる理論は三つ。第一の理論は、アナーキー（集権化された正統な権威の不在）と「食うか食われるか」のゼロサム・ゲームこそが国際政治の現実であるとする《リアリズム》である。そこでの歴史解釈は「国際協調は不毛である」という認識に貫かれており、国際機関は無能な存在でしかない。また、国内体制が民主的か独裁的なのかも、この理論にとっては関心の外にある。さし迫る脅威がゾンビであっても、それは過去のパンデミックと同様の事態の繰り返しに過ぎず、強大なパワーだけが物を言う国際政治の現実は不変なのである。この理論に立脚するなら、中華人民共和国がゾンビ禍を利用して台湾の占領を正当化することもできるとドレズナーは記している。

第二の理論は《リベラリズム》である。この立場は、国際政治は非ゼロサム・ゲームであり、国際協調によってグローバルな公共財を創出することも可能だと主張する。国内体制が民主的な国家ならば、このような協調に参加する可能性は高い。しかし、リベラルは開かれたグローバル経済に立脚するものであるため、その論理的帰結として開かれた国境を通じたゾンビ禍の拡大に対して脆弱とならざるを得ない。これに対処するため安保理・ＷＨＯ・国際移住機関などのグローバルな国際機関複合体（コンプレックス）の創設を目指すが、問題を制御できない段階まで情報隠蔽を行ってしまう権威主義国家のふるまいによって大きな困難に直面することとなるのである。

第三の理論は《構成主義（constructionism）》である。この立場は、前二者とは異なり現実（reality）を固定された実体として見るのではなく、リアリティとは社会的に構築されたもの（socially constructed）

だとした上で、相互作用的に形作られる主体のアイデンティティを通じて、それらを有益な形で規制するトランスナショナルな規範（norm）が形成されることを主張する――核兵器の実際の使用に関する国際社会でのタブーなどを想起すれば良いだろう。この理論の重要なポイントは、ゾンビという脅威を物理的な実体としてだけではなく、それを「社会的に構築された」ものとして見る点にある。ゾンビ映画の多くで登場人物たちが、非常にしばしばゾンビを前にして「奴らは俺たちなんだ（They are us.）」という台詞を吐くが、要するに、ゾンビ禍に直面した際の「人間性の発露（人間が一番恐ろしい）」こそが疫禍の本質を構成しているというのが、この理論の要諦でもあるのだ。本章の執筆依頼のメールの中で編集者が「緊急事態宣言発令に際する会見で安倍総理が〝恐れるべきは恐怖それ自体〟と述べていたように、対峙すべきは他国ではなく、ウイルスでもなく、自分たち自身なのかもしれませんね」と書いていたが、まあ、そういうことだ。

　ドレズナーの立場は、大国（のパワー）を重視する点で一つ目のリアリズムに立脚している一方で、国際協調による公共財創出の可能性も認めており、ある種の折衷的（中庸的）な立場でもあるのだが、彼の議論の最も特徴的なポイントは、国内政治を重視する点にあると言えるだろう。

　ゾンビ禍に対して、初期には「旗の下への結集」現象が発生し、人びとの間には愛国心が高まり、政府の果断な施策などにも支持が集まるが、それはほんのひとときのことでしかない。グローバルな国際協調に基づく政策の必要性があったとしても、大衆にとっては遠い外国よりも自分たちの地元の問題の方がはるかに重要なのである。じきに人びとは「ゾンビ疲れ」し、時間の経過とともに高いコストを払う過酷な政策からは離反してゆくこととなるのである。深刻な経済不況と結びついた形で犠牲を払い続けることの長期化は、アメリカの大衆をますます孤立主義に導くことが分かっているとさえ、ドレズナーは記している。

もう一点、国際機関や国内の官僚制に関してもドレズナーは興味深いことを記している。そこでは「一方的に自分の主張する政策を売り歩くような、官僚の皮をかぶった起業家たちが、解決策ではなく問題を探そうとする」とした上で、官僚組織の生理である標準作業手続きの存在こそが、ゾンビ発生に対して混乱を惹起することが述べられている。ゾンビ映画の巨匠ジョージ・ロメロのゾンビ処女作『ナイト・オブ・ザ・リビング・デッド』の中で当局から人びとに出される指示が、最初は「家にいろ(STAY HOME)」だったのが、何の説明もなく緊急避難センターへ行けというものに変わったりしたのが、そのような混乱の典型として挙げられている(東京アラート?)。行政機関は、最初のうちは制約を受けることなく行動することができるが、時間の経過とともに「政治」がそれに対して強力な制約を課すこととなる。ただし、官僚制の事態への対応能力は時間の経過とともに改善されるのだが。要するに、政府の諸官庁は、悪しき意思決定を行う可能性が最も高い時に、最も高い自律性を有することになってしまうわけである。

本書の中でドレズナーがゾンビ禍と闘う際の心得として提唱するのは、政府と国際機関が迅速かつ効果的に、ゾンビに対処するための「新しいノーマル」が何であるのかを人びとに対して明らかにして(新しい生活様式?)パニックを未然に防ぎ、人びとをナッジするような仕組みの構築なのである。

以上のような話をコロナ禍の下、Zoom で行われるゼミで学生たちと読んでいるわけだが、訳者である私じしん、八年前にこの本を翻訳した際とは全く別の本、禍々しい予言書を読んでいるような不思議な心持ちで毎週ゼミの準備をしている昨今である。

コロナ禍の発生を受けて、四月十一日にドレズナーは「コロナについてゾンビ映画から学んだこと」という文章をウェブ上の『フォーリン・ポリシー』誌に発表した。[2] その中で彼は、ほとんどすべてのゾンビ映画の中で人間は愚かで哀れな存在として描かれ、最終的にはゾンビ・アポカリプスの中に呑み込まれ文明は崩壊してしまうが、先述のブルックスの傑作ゾンビ小説『WWZ』の中でも活写されたように、初期には動作不良を起こす官僚組織も、時間はかかるがじきに事態を掌握するはずだと論じ、人類が希望を棄てるには早すぎると強調している。医療関係者やゴミ回収業者・電気事業者などのインフラ維持に従事する人びとに感謝しようとドレズナーは呼びかける。だいたい、ウェブ上のドレズナーの文章を読めるのは、ゾンビ映画のように通信が完全に断絶した状態ではなく「こうやってネットを見ることができているからこそだろう」と皮肉も交えながら、あるいはAmazonやZoomは多少は邪悪かもしれないが、アンブレラ社（バイオハザード）とは比べものにならないだろう、とも。

私もドレズナーの希望へ向けた宣言にならい、長年ゾンビ映画を観てきた者として、ゾンビ・パンデミックの中で生き残る秘訣を記しておこう。差別的言動（人種やセクシュアリティ）を行う者、胡乱な情報を盲信して軽挙妄動する者、むやみやたらに外に出たがる者、これらはおおむね速やかにスクリーンから退場することになる。ラストシーンまで生き残る者が根っからの悪人であることは、ほぼなく、他者への思いやりをもった慎重な者だけがエンドロールに接することができるのである。

この間、われわれは少なからぬ犠牲をはらって日々を過ごしてきたが、そのような中で五月三十日にブルーインパルスが東京上空を編隊飛行し、医療関係者に感謝の意を表したイベントには少なからぬ感銘を受けた。コロナ禍の下、鬱々とした日々、下を向いて過ごす中、人びとが同じ時刻、同じ瞬間に同じ空を仰ぎ見るのは、爽快な瞬間でさえあった。ただ、犠牲を払ってきたのは、この感謝の対象となった人びとだけでなく、飲食店をはじめとする人びとも蔭ながら休業を自主的に選択し消極的にではあっても感染拡大防止のために身を削っていたことは心にとどめられても良いだろう、ゾンビにやられたくないのなら。

　最後にゾンビ好きにとっての普遍的な愉しみのひとつを紹介して終わりにしたい。それは、万が一ゾンビが蔓延した場合、どうやってそれを防いで生活を送るかという「対ゾンビ防御住宅の構想」を練ることである。私じしん、コロナ禍が始まるまでの十数年間、毎晩就寝するまでのひととき、寝床で瞑目して考えていることは、ただこれだけである。実際、ゾンビ対策ばっちりの住宅（Zombie-proof House）の設計コンテストさえ存在しているわけで、ゾンビ好きというのは、全く侮りがたいものである。

　コロナ下での自主軟禁生活もまた、これに似ており、強力な第二波が到来するかもしれないと言われている、恐らく晩秋までの短い「人類の夏休み」のあいだに、あえて楽しみながら十分な備えをしておきたいものである。

註

（1）桑の樹を指さして槐の樹を罵る。樹木の格としては「槐＞桑」であるところ、格下もの（桑）をことさらに批判することを通じて間接的に格上のもの（槐）を批判し、人びとの心を動かそうという計略。

（2）なお、本稿の冒頭は文中で言及したドレズナーの近稿（実際に読むと割と感動的）へのオマージュだが、既に翻訳し終わっているので、近日中に別途公開する。

あとがきに代えて――ベルクソンの薔薇

以前、白水社の担当編集者である竹園さんから「先生は白水社の本って、いつ頃から読んでました？」といった感じのことを聞かれたことがあった。社のデータベースに一九八〇年代後半から『ふらんす』を定期購読していた大分県別府市在住の同姓同名の人物がいるのを、たまたま見つけたとのことだった。

昔、購読していた『ふらんす』は、今でもすべて取ってあるので、書棚に手を伸ばして確認してみると、最も古い号は一九八七年、私が高校一年生の時のものだった。――そう、それは私だったのだ。

今年、二〇一五年〔執筆時〕をもって白水社は創業百周年を迎えるが、この場を借りて、その看板雑誌ともいえる『ふらんす』と私との縁について少しだけ、思い出話をさせていただければ幸いである。

八七年の大分で『ふらんす』を定期購読するということは、今ではおよそ想像もつかないだろう文化的飢餓感を癒す、数少ない手だての一つだった。

当時を振り返るなら、八六年にようやくＣＤの販売枚数がＬＰを追い抜いたが、依然として録音にはカセットテープが使われ（ハイポジ！）、九州の片田舎で新しい音楽に触れるきっかけはラジオのＦＭ局しかなかった。

私が生まれて初めて聞いたジャズは、ホレス・シルヴァー&クインテットのSong For My Fatherだ。なぜそんなことが分かるのかって？　それはＮＨＫ・ＦＭの「ゴールデンジャズ&ポップス」を録音したツメの折られたカセットが今でも残っているからだ。音楽番組の豊富なＦＭ局はＮＨＫしかなく、他のＡＭ局も、夜中になるとモスクワ放送や平壌放送の大出力電波に押されていたものだった。

音楽と並ぶ数少ない娯楽の一つが外国語学習（もちろん独習）で、当時私は、ＮＨＫのフランス語講座をＡＭ局で聴いていた。

『ふらんす』を講読し始めてから二年目の一九八九年、冷戦が終結し、同年、天安門事件も起こったが、テレビや新聞でそれらを横目に見ながら、私は時が止まったような大分の片田舎で、独り『ふらんす』を読んでいた。

ラジオ以外の「文明の前哨点」は、パルコブックセンターだった。そう、パルコの本屋こそが、「唯一」にして「最高」の文明の集積地だったのだ。

「ニューアカ」ブームの中、今では考えられないほど広い売り場が、現代思想や海外文学に割かれていた。思潮社、河出書房、桃源社、奢灞都館、タゲレオ出版、リブロポート、福武書店、書肆風の薔薇（水声社）……その中でも白水社はひときわ輝きを放っていた。

ビブリオテカ澁澤龍彥、生田耕作コレクション、Ｕブックスや短編集のマンディアルグ……まばゆいほどに光り輝く世界が、そこには広がっていたのだった。

圧倒的な文化に対する飢えの中、毎月、自宅の郵便受けに『ふらんす』が届く時の、あの心持ちは、今では理解し難いものかもしれない。
封を切っていそいそと雑誌を取り出し、毎回色とりどりのワインやチーズのラベルの載った表紙の匂いを胸いっぱいに嗅ぎこんだ。その時、私の鼻孔にはいまだ見ぬワインやチーズ、そして東京の匂いが広がった。啄木の所謂「あたらしき洋書の紙の／香をかぎて」だったのだ。

朔太郎は「ふらんすへ行きたしと思へども／ふらんすはあまりに遠し／せめては新しき背広をきて／きままなる旅にいでてみん」と歌ったが、私にとっては、フランスどころか、東京さえいまだ見果てぬ遠い地だったのだ。

あまり知られてはいないが、朔太郎の歌は、以下のように続く。「汽車が山道をゆくとき／みづいろの窓によりかかりて／われひとりうれしきことをおもはむ」と。九〇年代に入り、私は寝台特急富士に乗って初めて独りで上京した。

そうして、いつしか歳月が過ぎ去り、自分自身が白水社から本を出すことになろうとは、二十年以上前の私には思いも寄らぬことだっただろう。――白水社の『新訳ベルクソン全集』第一巻の中に次のような下りがある。

> 私が薔薇の香りを嗅いだとき、たちまち子供時代のぼんやりとした思い出のかずかずが私の記憶に蘇ってくる。しかしながら、これらの思い出は、薔薇の香りによって呼び覚まされたものではない。私は、その香りそのもののなかに、その思い出を嗅ぎ取ったのである。薔薇の香りは、私にとっては、そのままで思い出なのである。〔一五七頁〕

Je respire l’odeur d’une rose, et aussitôt des souvenirs confus d’enfance me reviennent à la mémoire. A vrai dire, ces souvenirs n’ont point été évoqués par le parfum de la rose : je les respire dans l’odeur même ; elle est tout cela pour moi.

二〇一一年、大分パルコは閉店し、私が愛したレコード屋も本屋たちも、郊外化の中、ことごとく消え去ってしまった。しかし、『ふらんす』や白水社から刊行された本たちを手に取り、その匂いを嗅ぐと、私の中には、今でもあの飢餓を癒してくれたベルクソンの薔薇の香が、馥郁とひろがるのだった。

*

第７章　郊外の多文化主義

「郊外の多文化主義」『アステイオン』83号、CCCメディアハウス、2015年

第８章　モスク幻像、あるいは世界史的想像力

「モスク幻像、あるいは世界史的想像力／郊外の多文化主義（補遺）」ニューズウィーク日本語版ウェブ、2015年12月11日掲載

第９章　ミートボールと立憲主義

「ミートボールと立憲主義」『社会のなかのコモンズ』白水社、2019年

補　章　軽やかな「移動」と重厚すぎる「越境」、そして

「軽やかな「移動」と重厚すぎる「越境」、そして」『レヴァイアサン』61号、木鐸社、2017年

第10章　立ち尽くすノモス

「立ち尽くすノモス」『ユリイカ』12月号「シン・ゴジラとはなにか」、青土社、2016年

第11章　フィロソフィア・アポカリプシス

「フィロソフィア・アポカリプシス」『ユリイカ』2月号「ゾンビ」、青土社、2013年

第12章　疫禍と字典

「疫禍と字典」『パブリッシャーズレビュー／白水社の本棚（夏号）』193号

第13章　「思考の距離戦略」としてのゾンビ

「「思考の距離戦略」としてのゾンビ」『Voice』2020年8月号

あとがきに代えて――ベルクソンの薔薇

「ベルクソンの薔薇（リレー連載：フランスと私」）『ふらんす』2015年5月号、白水社

初出一覧

第1章　立法者の人間学

「議会における立法者、その人間学的基礎」『ジュリスト』1285号、有斐閣、2008年

第2章　党派性と公共性

「立法過程における党派性と公共性」『公共性の法哲学』ナカニシヤ出版、2006年

第3章　ミル・代議制・中国

「ミル・代議制・中国」『立法学のフロンティア』第1巻、ナカニシヤ出版、2012年

補　章　面白うて、やがて神聖なる喜劇

白水社サイトの同題Web記事からの転載

第4章　ジェンダー／セクシュアリティの領域における「公共性」

「ジェンダー／セクシュアリティの領域における「公共性」へ向けて」『思想』965号、岩波書店、2003年

第5章　性同一性障害特例法の立法過程に関する一考察

「「性同一性障害者の性別の取扱いの特例に関する法律」の立法過程に関する一考察」『法哲学年報2003：ジェンダー、セクシュアリティと法』有斐閣、2003年

第6章　宴のあとに

「法哲学の観点から」『性同一性障害と医療・法』メディカ出版、2012年

や行

ら行

た行

な行

は行

ま行

人名索引

著者略歴

谷口功一（たにぐち・こういち）
一九七三年、大分県別府市生まれ。東京大学法学部卒業、東京大学大学院法学政治学研究科博士課程単位取得退学。現在、東京都立大学法学部教授。専門は法哲学。主な著書に『日本の水商売』（ＰＨＰ研究所）、『ショッピングモールの法哲学』、編著に『日本の夜の公共圏』、訳書にシェーン『〈起業〉という幻想』、ドレズナー『ゾンビ襲来！』（以上、白水社）他。

立法者・性・文明
境界の法哲学

二〇二三年 九 月二〇日 印刷
二〇二三年一〇月一〇日 発行

著　者 © 谷　口　功　一
発行者　岩　堀　雅　己
印刷・製本　図書印刷株式会社
発行所　株　式　会　社　白　水　社

東京都千代田区神田小川町三の二四
電話　営業部〇三（三二九一）七八一一
　　　編集部〇三（三二九一）七八二一
振替　〇〇一九〇・五・三三二二八
郵便番号　一〇一・〇〇五二
www.hakusuisha.co.jp
乱丁・落丁本は、送料小社負担にてお取り替えいたします。

ISBN978-4-560-09376-4
Printed in Japan